KU-358-048

ch. abbadie
b. chovelon
m. h. morsel

corrigé des exercices

de l'expression française
écrite et orale

flem

Christian Abbadie, Bernadette Chovelon, Marie-Hélène Morsel

Corrigé des exercices

de l'Expression Française
écrite et orale

(édition 1986)

Presses Universitaires de Grenoble
1987

© Presses Universitaires de Grenoble, 1987
ISBN : 2.7061.0286.1

Conseils aux utilisateurs

L'ouvrage que nous présentons aujourd'hui est un complément de L'Expression Française *(édition revue et augmentée de 1985).*

Si dans un premier temps notre projet a été de faciliter la tâche des enseignants (et en particulier des professeurs de français étrangers), nous avons voulu également répondre à l'attente de nombreux étudiants amenés à travailler seuls. Nous avons voulu mettre entre leurs mains un véritable outil de travail donnant accès à une auto-correction systématique de chaque exercice.

*Nous attirons l'attention des professeurs sur le fait que l'*Expression Française *est une méthode complète d'enseignement du français. En effet, non seulement la progression a été minutieusement étudiée, mais à l'intérieur de chaque chapitre, les exercices ont été combinés pour constituer une unité, avec des travaux oraux, des travaux écrits, des exercices individuels et collectifs. L'acquisition lexicale de chaque chapitre a également été mesurée. Enfin les textes ont été choisis en nombre suffisant pour compléter la leçon de grammaire et éviter aux professeurs la longue recherche de textes complémentaires. La méthode est donc un ensemble dont chaque exercice vient en complément des autres et il nous paraîtrait regrettable d'isoler un ou deux exercices pour les donner à une classe.*

Dans L'Expression Française *figurent également des exercices créatifs pour lesquels les élèves doivent être disposés en petits groupes et produire un travail élaboré en commun. Les données de la pédagogie contemporaine pour le F.L.E. ont montré la nécessité et l'importance de ce « moment » dans la classe de langue, car il permet une production immédiate dont le groupe est l'auteur. C'est un travail joyeux et satisfaisant pour des étrangers car il permet à la fois un échange entre les participants et une création. Ces exercices font partie de l'ensemble d'un chapitre et ne doivent pas être négligés.*

Dans le même esprit nous ne saurions trop conseiller aux professeurs de faire mimer les situations ou les sketchs proposés afin de créer une aisance et une spontanéité dans l'expression orale facilitée par l'expression corporelle et gestuelle.

Enfin, nous voulons préciser que cette méthode n'est pas utilisable dans les classes de faux-débutants ni de Niveau I. Elle s'adresse à des étudiants au moins de Niveau II et au-delà. La richesse lexicale et le passage fréquent à différents niveaux de langue la rendent inaccessible (et par là même décourageante) à des étudiants n'ayant pas une certaine pratique du français. En ce qui concerne les classes de F.L.M., elle convient aux classes de 5ᵉ, 4ᵉ et peut-être 3ᵉ s'il y a des lacunes à combler.

Nous souhaitons que ce livre soit une aide efficace pour nos collègues et qu'il apporte une pierre de plus dans l'édification de l'enseignement du français langue étrangère et maternelle.

Les Auteurs.
Janvier 1987

1

Structure de la phrase française

Exercice 1 (p. 12)

1. Une camionnette a été volée au marché de gros. — 2. Un nouveau département a été récemment créé en Corse. — 3. Le taux du SMIC sera (a été) relevé de 6 % en juillet. — 4. La tension s'accroît à Amsterdam. — 5. L'enquête sur le meurtre de la quinquagénaire de Versailles rebondit. — 6. Deux camions étant entrés en collision, deux personnes sont mortes, et une autre a été grièvement blessée. — 7. Les mutins se sont rendus. — 8. Le préfet du Rhône sera (va être) muté de façon imminente. (bientôt, sous peu). — 9. Deux voleurs à la roulotte ont été arrêtés. — 10. L'indépendance des Comores est proclamée. (1)

(1) Les Comores : archipel de l'océan indien situé au N.O. de Madagascar.

Exercice 2 (p. 13)

1. *Grâce* des deux condamnés par le président de l'Ouganda. — 2. *Evasion* d'un détenu avec deux otages. — 3. Double *défaite* successive (consécutive) de l'équipe de Belgique. — 4. *Echec* des pourparlers entre les deux pays. — 5. *Retour* du Président français à Paris aujourd'hui. — 6. *Sélection* officielle imminente des skieurs de l'équipe de France. — 7. *Découpage* du territoire en nouvelles circonscriptions par le ministre de l'Intérieur en vue des prochaines élections. — 8. *Nomination* officieuse au titre de bâtonnier de l'ordre des avocats de Maître Gabriel Martin. — 9. Prochain *transfert* des crédits d'Etat. — 10. *Entretien* des deux ministres des Affaires étrangères à propos (concernant le) du Proche-Orient.

Exercice 3 (p. 13)

1. *L'authenticité* de cette commode ne fait aucun doute. — 2. Ta *naïveté* m'étonnera toujours. — 3. Tout le monde reconnaît sa *franchise*. — 4. On n'arrive pas à louer le studio en raison de sa *petitesse*. (C'est à cause de sa *petitesse*...). — 5. *L'impertinence* de cet enfant lui jouera des tours. — 6. Malgré *la lourdeur* de son style, ses livres se vendent bien. — 7. N'oubliez pas d'indiquer *l'importance* des dégâts dans votre rapport. — 8. *L'inertie* du blessé inquiétait les témoins de l'accident. — 9. La *timidité* et la *maladresse* du candidat n'ont pas échappé aux membres du jury. — 10. Pour une fois, je te pardonne ton *étourderie*.

Exercice 4 (p. 13)

1. La *réticence* de Jacques devant nos projets est telle que je n'ose plus lui en parler. — 2. *L'improvisation* pleine d'humour du directeur a été très applaudie. — 3. *L'ambiguïté* de la déclaration du ministre était telle que personne n'a compris où il voulait en venir exactement. — 4. Après (à la suite de) la violente *intervention* de plusieurs députés à l'Assemblée nationale, ils ont pu ainsi obtenir le vote. — 5. *La restauration* de l'ensemble du vieux quartier à l'initiative de la municipalité a été une opération coûteuse. — 6. *L'éviction* de Jacques du comité lui a été dure. — 7. Pour une *exonération* d'impôts, il faut pouvoir justifier de faibles revenus. — 8. La vente de certains produits est interdite dans le commerce en raison de (du fait de) leur *toxicité*. — 9. *Grâce à sa véhémence*, le député a convaincu son auditoire. — 10. Vous ne pourrez pas vous entendre étant donné l'*incompatibilité* de vos points de vue.

Exercice 5 (p. 13)

1. On réserve cet exercice aux débutants en raison de sa *facilité*. — 2. Du fait de la *cherté* de la vie, les gens sont amenés à limiter leurs dépenses. — 3. La chambre de Jean est d'une telle *exiguïté* qu'il ne peut y loger qu'une table et un lit. — 4. L'orateur a été amené à prendre beaucoup de précautions en raison de la *diversité* des opinions politiques de l'assistance. — 5. Grâce à sa *clairvoyance*, le président est très écouté. — 6. *L'incohérence* des propos de Pierre nous a déconcertés. — 7. *L'anonymat* de la foule dans une grande ville est tel qu'il est parfois difficile de s'y insérer. — 8. La *fraîcheur* et la *variété* des produits du marché attirent les clients. — 9. La *compétitivité* des prix des grands magasins exige une grande attention de la part des consommateurs. — 10. *L'inaptitude* de Céline à comprendre les langages de *l'informatique* est un lourd handicap pour elle.

Remarque : Pour les exercices 4 et 5, d'autres phrases sont possibles selon que l'on choisit la voix active ou la voix passive.

Exercice 6 (pp. 13-14)

1. *L'adhérence* des pneus au sol est parfaite. — 2. *L'essai* du prototype a duré deux heures. — 3. Elle a réussi à réparer la *déchirure* de sa robe. — 4. *L'exposition* des corps au soleil peut entraîner des suites graves. — 5. Le *règlement* du loyer se fait (s'effectue) à l'avance et non à terme échu. — 6. Son *adhésion* au syndicat ne date que de trois mois. — 7. *L'essayage* de sa robe de mariée a eu

lieu en présence de ses amies. — 8. Quel *déchirement* de se séparer pour si longtemps ! — 9. Votre *réglage* des phares ne me paraît pas satisfaisant. — 10. *L'exposé* de ses idées a été fait (présenté) de façon très claire.

Exercice 7 (p. 14)

1. L'opéré du cœur a recouvré la santé au bout de huit jours. — 2. L'opposition a proféré des injures et des menaces sur les bancs de l'assemblée. — 3. Le juge Martin a prononcé la peine de réclusion criminelle à vie contre l'assassin. — 4. Des actes criminels ont été perpétrés sur des personnes âgées le week-end dernier. — 5. Une erreur et une injustice ont été commises dans le choix du chef de l'entreprise. — 6. Le gouvernement a opéré un changement de cap. — 7. Le Président a décidé de façon irrévocable de remettre en cause le traité. — 8. Une mère abandonnée a entrepris un procès contre un mari indigne. — 9. Le verglas a provoqué des dérapages et des accidents en série. — 10. Un climat de confiance nouveau vient d'être instauré dans les négociations pétrolières. — 11. Un parti d'avenir a été fondé sur des bases politiques anciennes. — 12. La commission du Sénat va élaborer un programme politique pour cinq ans.

Exercice 8 (p. 14)

Pour cet exercice, plusieurs phrases complexes étant possibles, il est conseillé de faire élaborer les phrases par petits groupes (2 ou 3 étudiants) et de comparer les productions obtenues.
1. Ayant eu un accident, l'institutrice a remercié ses élèves qui lui avaient envoyé des fleurs. — 2. Je mets toujours sur mon divan ce coussin que ma mère a fait d'après le modèle qu'elle avait vu dans un magazine. — 3. Faute de moyens suffisants, les petits exploitants doivent former des coopératives pour acheter les machines dont ils ont besoin. — 4. Une sacoche sur l'épaule, le facteur vend des calendriers tout en distribuant le courrier. — 5. Comme le temps me faisait défaut et que je n'en avais pas les moyens, je n'ai pas pris de vacances dont j'avais pourtant grand besoin. — 6. Alors que j'étais en train de changer une roue, j'ai fait sur mon manteau que je venais d'acheter, une tache de cambouis indélébile. — 7. Dans la rue amusante où j'habite, il y a de nombreux magasins dont les vitrines restent illuminées tard dans la soirée. — 8. Les étudiants originaires de tous les pays du monde, qui viennent d'arriver à Paris, sont désireux d'apprendre la langue française. — 9. L'ami dont je vous avais déjà parlé, est venu me voir alors que j'étais en vacances si bien qu'il a dû glisser sous ma porte un mot dans lequel il exprimait ses regrets. Pendant que j'étais en vacances, l'ami dont je vous avais déjà parlé, est venu me voir et a glissé un mot sous ma porte pour m'exprimer ses regrets. — 10. Ce film que je suis allé voir sur le conseil de ma cousine et dont plusieurs personnes m'avaient parlé, ne m'a pas déçu.

Remarque : Cet exercice faisant appel à de multiples difficultés grammaticales (articles, pronoms relatifs, temps du passé, relations logiques) mériterait d'être fait lorsque ces divers points seront acquis.

Nature de la phrase et ordre des mots

Exercice 1 (p. 16)

1. Vous avez sans doute raison. Sans doute avez-vous raison. — 2. Il est aussi parti sans me dire au revoir. Aussi est-il parti sans me dire au revoir. — 3. Vous aurez ainsi compris la difficulté. Ainsi aurez-vous compris la difficulté. — 4. Il faut, à plus forte raison, qu'elle soit raisonnable. A plus forte raison faut-il qu'elle soit raisonnable. — 5. Elle ne cherchait pas à le convaincre, elle espérait du moins le comprendre. ... du moins espérait-elle le comprendre. — 6. Il ne sait peut-être pas encore la nouvelle. Peut-être ne sait-il pas encore la nouvelle. — 7. Il a aussi couru pour rattraper l'autobus. Aussi a-t-il couru pour rattraper l'autobus. — 8. Elle débarrassait ainsi la table. Ainsi débarrassait-elle la table. — 9. Il est malade. Il peut tout au plus manger du potage. Il est malade. Tout au plus peut-il manger du potage. — 10. Il était à peine arrivé qu'on lui annonçait la mauvaise nouvelle. A peine était-il arrivé qu'on lui annonçait la mauvaise nouvelle.

Remarque : S'assurer que les sens de ''aussi'' (2-7) variant selon sa place, sont bien compris, en faisant élaborer à l'étudiant une phrase qui pourrait précéder celles de l'exercice.

Exercice 2 (p. 16)

1. Près du portail pousse un rosier. — 2. Bientôt arriveront les beaux jours. — 3. En 1803 naquit Berlioz à la Côte-St-André. — 4. « Le long d'un clair ruisseau buvait une colombe. » — 5. Lentement passent les jours. — 6. Le 21 septembre s'ouvrira la conférence des ministres des Affaires étrangères. — 7. Au bout de la rue se dresse un immeuble de quinze étages. — 8. A la fin de l'année se dérouleront les épreuves des concours d'entrée aux grandes écoles. — 9. Au milieu de l'Océan Atlantique, se trouve l'archipel des Açores, à mi-chemin entre l'Europe et les Etats-Unis. — 10. Dans quelques années auront lieu à Paris les Jeux Olympiques.

Exercice 3 (p. 16)

Les phrases au style direct étant très courtes, le verbe introducteur ne peut être placé qu'après.
1. ... pense-t-il. — 2. ... dit-elle. — 3. ... s'écria

le docteur. — 4. ... remarqua Jacques. — 5. ... pensions-nous. — 6. ... direz-vous. — 7. ... ai-je dit. — 8. ... pensais-je. — 9. ... ai-je songé en le regardant. — 10. ... insista-t-il.

Exercice 4 et 5 (pp. 16-17)
On peut faire faire ces exercices par groupes. Faire intégrer ces énoncés dans de petits dialogues ou des sketchs produits par les élèves.

Exercice 6 (p. 17)
1. Non je n'y comprends rien. Je n'y comprends pas grand-chose. — 2. Non, je n'ai plus rien à ajouter. — 3. Non, il n'en a pas souvent (jamais). — 4. Non, je n'en ai aucune. — 5. Non, pas encore... non, toujours pas. — 6. Non, je n'ai rien d'intéressant à raconter. — 7. Non, je ne connais personne. — 8. Non, il n'est pas toujours malade (il n'est jamais... il n'est plus...) — 9. Je ne veux pas de pommes ni de citron. Je ne veux ni pommes ni citron. — 10. Moi non plus. — 11. Il n'y en a pas beaucoup. Il n'y en a aucune. — 12. Non, je ne l'ai trouvée nulle part.

Exercice 7 (p. 17)
1. Je n'ai pas tout entendu. Je n'ai rien entendu. — 2. Il ne fait pas plus chaud qu'hier. Il fait moins chaud. — 3. Elle n'est pas heureuse partout. Elle n'est heureuse nulle part. — 4. Elle n'a pas peur de tout. Elle a peur de rien. — 5. Cela ne va pas mieux qu'hier. Cela va moins bien. — 6. Tu n'as pas bu trop de vin. Tu n'as pas bu assez de vin. — 7. Je ne suis pas toujours fatigué. Je ne suis jamais fatigué. — 8. On ne la voit pas partout. On ne la voit nulle part. — 9. Il n'a pas frappé à toutes les portes. Il n'a frappé à aucune porte. — 10. Toutes les histoires ne la font pas rire (les histoires ne la font pas toutes rire). Aucune histoire ne la fait rire.
Remarque : La négation formée avec *ne... pas* correspond à une négation partielle alors que la négation spécifique est une négation totale.

Exercice 8 (p. 17)
1. Le non-alignement des pays de la Communauté européenne a été une source de dissensions au sein de l'assemblée. — 2. On a voté la non-ingérence de la France dans l'affaire espagnole. — 3. La non-conformité de votre appartement aux règlements actuels le rend invendable si vous ne faites pas les travaux nécessaires. — 4. J'ai un sentiment de non-satisfaction à l'issue de cette réunion. On aurait pu faire mieux. — 5. La non-comparution de l'accusé au procès entraînera sans doute une aggravation de sa peine. — 6. La non-toxicité de ce produit est garantie. — 7. La non-crédibilité de ces informations est patente. — 8. La non-observance de ce règlement entraînera des poursuites. — 9. Ce pays a adopté une politique de non-agression.

— 10. Après trois jours de non-activité due aux fêtes pascales, l'Assemblée a repris ses travaux.
Remarque : Cette formation lexicale se trouve de préférence dans le langage écrit.

Exercice 9 (p. 17)
1. Illégalité, immoralité, irrégularité : *in, il, im, ir.* — 2. Maladresse, malhonnêteté, mésentente : *mal, més.* — Désapprobation, désunion, disproportion, discontinuité : *dés, dis.*
On aura vu dans la leçon précédente que les suffixes de ces nominalisations forment tous des noms féminins.

Exercice 10 (pp. 17-18)
1. *Incompréhensible* : son silence est incompréhensible. — 2. *Anormal :* cette fièvre est anormale. — 3. *Indolore :* grâce à l'anesthésique, l'extraction a été indolore. — 4. *Inutile :* il est inutile de revenir, il ne vous recevra pas. — 5. *Illégal :* construire sans permis est illégal. — 6. *Inexact :* il est inexact que les impôts aient baissé. — 7. *Insuffisant* : une aide financière serait insuffisante dans ce cas. — 8. *Incertain :* le temps est incertain. — 9. *Difficile :* il est difficile de faire des pronostics. — 10. *Impersonnel :* c'est un cadeau bien impersonnel. — 11. *Désintéressé* : il a agi de manière tout à fait désintéressée. — 12. *Sur ou sous-évalué* : les prix ont été sous-évalués. — 13. *Désolidarisé :* il s'est désolidarisé de son syndicat. — 14. *Mésestimé* : il se sent mésestimé par ses camarades. — 15. *Ininfluençable* : c'est un homme solide et ininfluençable. — 16. *Asocial* : il est devenu complètement asocial. *Antisocial :* ce sont des mesures antisociales. — 17. *Incompétent :* je suis totalement incompétent en ce domaine. — 18. *Impitoyable* : il s'est montré impitoyable envers son personnel. — 19. *Mécontent :* il est toujours mécontent pour quelque chose. — 20. *Défavorisé* : à la mort de sa mère, il a été défavorisé dans le partage.

Exercice 11 (p. 18)
1. *Ce n'est pas* en faisant des exercices purement théoriques que tu apprendras une langue étrangère. — 2. Elle a marché sur la pointe des pieds pour *ne pas* perturber le sommeil des enfants. — 3. Il part en avance pour *ne pas* arriver en retard. — 4. C'est afin de *ne pas* faire *de* gaffes qu'il s'initie aux coutumes locales. — 5. Ils ont été punis pour *ne pas* avoir fait leurs devoirs... pour *n'avoir pas* fait... — 6. Je suis navré de *ne pas* rester jusqu'à la fin du film. — 7. Elle se mouchait discrètement de manière à *ne pas* déranger la classe. — 8. Elle se teignait les cheveux pour *ne pas* paraître trop âgée. — 9. Le touriste consultait souvent un guide de façon à *ne pas* s'égarer. — 10. De peur de *ne pas* être à l'heure, elle arrivait longtemps à l'avance.

Verbes transitifs et intransitifs

Exercice 1 (p. 20)

1. pas de préposition — 2. à — 3. comme — 4. à — 5. pas de préposition — 6. d' — 7. d' — 8. à — 9. d' — 10. à — 11. pas de préposition — 12. de — 13. à — 14. par — 15. à côté de, près de — 16. devant — 17. au — 18. à — 19. pas de préposition, de — 20. pour.

Exercice 2 (p. 20)

Faire produire par les étudiants en groupes de trois ou quatre des sketchs ou des situations dans lesquels ces expressions seront utilisées.

Exercice 3 (p. 20)

1. Actif, sujet animé singulier — 2. Actif, le sujet est un pronom — 3. Passif, on serait le sujet du verbe actif. — 4. Actif, le sujet est un pronom. — 5. Les deux, deux inanimés. — 6. Les deux — 7. Passif, pas de sujet d'un verbe actif. — 8. Actif, le sujet est un pronom. — 9. Les deux. — 10. Passif (plutôt que on sujet d'un verbe actif).

Exercice 4 (pp. 20-21)

1. Sa jupe était bordée d'un galon — 2. Cette assiette est entourée d'un motif à fleurs. — 3. Dans quelques semaines, la montagne sera couverte de neige. — 4. Un épagneul avait été trouvé près de la gare. — 5. Après avoir été appréhendé, le voleur a été mis sous les verrous. — 6. Son chandail a été tricoté à la main. — 7. Le toit était décoré de tuiles vernissées. — 8. Cette formule n'est plus employée de nos jours. — 9. Cet immeuble a été bâti sur pilotis. — 10. Il m'avait assuré que ma voiture serait réparée en quelques jours.

Exercice 5 (p. 21)

Plusieurs réponses sont possibles. Voici quelques suggestions :
1. Il a été renvoyé, mis à pied, mis au chômage. — 2. Elle a été renversée par un camion. — 3. Il a été censuré, retiré de la vente, mis en faillite, interdit. — 4. Le bilan a été déposé. — 5. Il a été interdit par l'ordre des pharmaciens, retiré de la vente. — 6. Il a été cassé. — 7. Ils avaient été appelés pour éteindre le feu qui avait pris au sous-sol. — 8. Non, il m'a été, hélas, volé dans le bus. — 9. Si, mais elle été rasée et remplacée par un immeuble. — 10. Si, mais elle a été repeinte parce que tout le quartier est en cours de ravalement. — 11. Si, mais tu ne l'as pas reconnue parce qu'une aile a été rajoutée pour la maternelle. — 12. Non, il a été muté il y a trois mois dans un autre service.

Exercice 6 (p. 21)

1. Le chien s'est fait écraser par un camion. — 2. Il s'est laissé extorquer la promesse de vendre son appartement en viager. — 3. Les non-grévistes se sont vus refuser l'entrée de l'usine. — 4. La fillette s'est fait renverser par un chauffard. — 5. Le responsable syndical s'est vu confier ce poste. — 6. Elle s'est fait sérieusement réprimander. — 7. Le contrôleur s'est fait voler sa sacoche dans le wagon-grill — 8. Les randonneurs se sont laissé(s) surprendre par l'orage. — 9. En quelques mois il s'est laissé acculer à la faillite. — 10. Le malade s'est fait greffer un rein. — 11. Il s'est vu donner la tâche de renflouer l'entreprise. — 12. Il s'est laissé coiffer au poteau par son adversaire.

Exercice 7 (pp. 21-22)

Les verbes passifs mis à l'actif sont les suivants :
— un locataire a tué un adolescent.
— le retraité interpella les jeunes gens qui lui répondirent.
— une balle a atteint F.M. à la tête.
— Le SAMU l'a transporté à l'hôpital où il a succombé.
— on a mis M.R. Vallin à la disposition du commissariat de Bobigny.
— on va effectuer une enquête.
— le juge a déjà entendu plusieurs témoins.

Participe passé des verbes transitifs et intransitifs

Exercice 1 (p. 24)

1. Il est descendu... — 2. ... sommes allés. — 3. ... est arrivée, sont arrivés. — 4. Vous êtes devenue... — 5. ... sont déjà éclos. — 6. ... nous sommes morts de soif. — 7. ... sont partis. — 8. ... sommes retournés. — 9. ... est tombée. — 10. ... ne sont pas arrivés.

Exercice 2 (p. 24)

1. est retournée. — 2. est expiré ; il est donc parti. — 3. est tombée ; il a rentré ; étaient restées. — 4. sont tous accourus. — 5. elle est sortie. — 6. nous avons passé. — 7. il est demeuré. — 8. il est passé. — 9. tu l'as échappé belle. — 10. il est vite descendu ; a remonté.

Exercice 3 (pp. 24-25)

1. Je les ai rencontrées. — 2. Je les ai cueillies... — 3. J'en ai acheté... — 4. J'en ai vu... — 5. Je les lui ai montrées... — 6. Je les lui ai confiées...

— 7. Elle les a arrosées... — 8. Nous en avons trouvé... — 9. Elle l'a appelée... — 10. Il les a toutes comprises.

Exercice 4 (p. 25)
1. achetées, mangées. — 2. ecoutées. — 3. rangées. — 4. pris. — 5. corrigées. — 6. affecté. — 7. données. — 8. empêché. — 9. essayée. — 10. portés.

Exercice 5 (p. 25)
1. il a fallu. — 2. il a fait. — 3. il y a eu ; ont ravagé. — 4. elle l'a fait faire. — 5. il a fallu. — 6. il a pu. — 7. ils ont voulu. — 8. les a fait travailler. — 9. il a eues. — 10. il a fournies.

Exercice 6 (p. 25)
1. ont courus ; les ont rendus. — 2. elle a vécu. — 3. il a coûté. — 4. pesée. — 5. a pesé. — 6. a coûtés. — 7. a régné. — 8. j'ai pu. — 9. avons voulus. — 10. ils ont pu.

Exercice 7 (p. 25)
1. J'ai fait ; j'ai pu ; je n'ai pas obtenu ; j'aurais voulu. — 2. Il a fait ; a fait vendre. — 3. a fait tondre ; a menées paître. — 4. a laissé. — 5. ont dû ; a semblé. — 6. sont venus ; a accueillis ; a fait entrer ; a laissé. — 7. il y a eu. — 8. il a fallu. — 9. il y a eu ; ont été. — 10. a coûté.

Exercice 8 (pp. 25-26)
1. j'ai vus. — 2. nous avons entendu. — 3. elle a entendu. — 4. avons entendue. — 5. nous avons vus. — 6. j'ai entendu. — 7. elle a sentie. — 8. il avait regardée. — 9. vus partir. — 10. Elle s'était vue.

Exercice 9 (p. 26)
1. a faite ; a rencontré ; se sont promenées ; ont montré ; a pu ; ont agrémenté. — 2. ont chantées ; étaient connues ; ont entonnées ; ont suivi ; a amusés ; n'avons pas retenu ; sont restés ; ont contribué ; n'a oubliée. — 3. avez exposées. être discutés. — 4. s'est fondée ; ont adhéré ; ont versé ; sont destinées ; ont déshérités ; n'ont pas pu. — 5. a fallu ; avions fait bâtir ; aurait coûté ; avons hérité ; avons voulu. — 6. a été opérée ; a enlevé ; a eu ; s'était beaucoup fatiguée ; s'est surmenée ; a fait. — 7. se sont maquillés ; ont revêtu ; ont présentés ; se sont serré ; se sont embrassés. — 8. j'ai lus ; ont détectées. — 9. ont été avancés ; ont touché ; ont dépensées ; ne les a pas tous touchés. — 10. avait écrits ; seraient critiqués ; a publiés.

Verbes impersonnels

Exercice 1 (p. 27)
Exercice de créativité. Plusieurs réponses sont possibles. Vérifier que l'étudiant utilise le tour impersonnel.

Exercice 2 (p. 27)
1. Que vous assistiez à la cérémonie, c'est souhaitable. — 2. Il réussira, c'est évident. — 3. Descendre cette pente sans tomber, c'est difficile pour un skieur débutant. — 4. Commettre des impairs quand on ne connaît pas les habitudes d'un pays, c'est normal. — 5. Répondre de but en blanc à des questions embarrassantes, ce n'est pas toujours possible. — 6. Quand on veut vivre en bonne harmonie avec son entourage, ne pas jeter de l'huile sur le feu, c'est indispensable. — 7. Téléphoner à ses amis..., c'est gentil. — 8. A notre époque, avoir plusieurs cordes à son arc, c'est très utile. — 9. Faire la grasse matinée les jours où l'on ne travaille pas, c'est habituel. — 10. Etre un fin mélomane, est-ce vraiment nécessaire pour apprécier la musique polyphonique ?

Exercice 3 (pp. 27-28)
1. Confondre des champignons vénéneux..., ce n'est pas rare. — 2. Faire l'âne pour avoir du son, c'est fréquent... — 3. Aimer rencontrer..., n'est-ce pas naturel ? — 4. Connaître le nom des étoiles, est-ce indispensable pour... ? — 5. Prouver qu'elle est volage, c'est difficile. — 6. Dire : « menteur comme... » c'est courant, mais savoir si c'est une plaisanterie, ce n'est pas toujours facile. — 7. T'engager en affaire avec lui, c'est impensable, car... — 8. Si vous stationnez sur un passage protégé, vous attraperez une contravention, c'est sûr. — 9. Le professeur a prêché dans le désert, c'est certain : les élèves... — 10. Vous êtes au 36e dessous... c'est évident, mais que vous repreniez rapidement le dessus, c'est nécessaire.

Exercice 4 (p. 28)
Exercice ne présentant pas de difficultés.

Exercice 5 (p. 28)
Exercice ne présentant pas de difficultés.

Exercice 6 (p. 28)
1. facile à ; facile de... — 2. aisé de ; aisée à... — 3. convenable à... ; convenable de... — 4. effroyable à... ; effroyable de... — 5. triste de... ; triste à... — 6. utile de... ; utiles à... — 7. difficile de... ; difficiles à... — 8. désagréa-

bles à… ; désagréable de… — 9. excellent à… ; excellent de… — 10. délicieux à… ; délicieux de…

Exercice 7 (pp. 28-29)
1. C'est au mois d'août qu'elle… — 2. C'est aux heures de pointe qu'il… — 3. C'est à l'étranger qu'ils… — 4. C'est à force de… que… — 5. C'est à bricoler qu'il… — 6. C'est à se chamailler qu'elles… 7. C'est une situation inaccessible pour lui qu'il… 8. C'est à cause de… que… — 9. C'est à jeudi que… — 10. C'est au fin fond de…

Exercice 8 (p. 29)
1. C'est bénévolement que nous… — 2. C'est dans mon relevé de compte que j'ai… 3. Ce sont des ennuis pécuniaires qu'il… 4. C'est par son mutisme qu'il… 5. C'est à cause de son incompétence qu'il… 6. C'est à l'unanimité que le… — 7. Ce sont les biographies qui… 8. C'est par une réplique cinglante qu'il… 9. C'est avec défiance qu'il… 10. C'est au paroxysme de la colère qu'il…

Exercice 9 (p. 29)
Exercice ne présentant pas de difficultés.

Exercices 10 et 11 (p. 29)
Exercices créatifs.

Verbes pronominaux

Exercice 1 (p. 30)
1. Je ne me casserai pas… — 2. Tu te lavais… — 3. Nous nous souvenons… — 4. Elle s'efforcera… — 5. Le moineau s'envolait… — 6. Il se démène… — 7. La pluie venant, vous vous réfugiiez… — 8. Abstenez-vous… — 9. Rappelle-toi… — 10. Elles se maquilleront… — 11. Ne te moque pas…

Exercice 2 (p. 31)
1. Elle s'était promis… — 2. se sont prises… — 3. se sont prises… — 4. Elles s'y étaient mal prises… — 5. … se sont allongés… — 6. … s'est excusée… — 7. Nous nous sommes rappelé… — 8. Elles s'étaient imaginé… — 9. se sont envoyé… — 10. Elle s'était figuré…

Exercice 3 (p. 31)
1. s'est donné. — 2. ils se sont montrées. — 3. s'est jouée. — 4. s'était remplie ; s'était créée. — 5. se serait répondu. — 6. s'est allumée.

— 7. se sont rencontrés ; ne se sont pas plu. — 8. s'était creusée. — 9. elle s'est rappelés. — 10. se sont poussés ; se sont injuriés.

Exercice 4 (p. 31)
1. s'étaient ouvertes. — 2. Elle s'était servie. — 3. se sont servies. — 4. Elle s'est lavé ; se les était séchés. — 5. se sont récité. — 6. se sont parlé. — 7. ne s'est pas souvenue. — 8. s'était creusé ; se sont multipliées. — 9. se seraient trompés. — 10. se sont répété.

Exercice 5 (p. 31)
1. Je doute de son innocence (ne pas être sûr). Je me doute que tu as dû lui faire un beau cadeau (être presque sûr). — 2. Il faudra rendre compte à votre supérieur de ces événements. (raconter fidèlement). Elle s'est vite rendu compte de son erreur (prendre conscience de). — 3. Tous les matins, la secrétaire rappelle à son patron les rendez-vous qu'il a donnés (s'assurer qu'il n'a pas oublié). Je me rappelle cet événement comme si c'était hier. (se souvenir). — 4. Nous attendons le printemps pour faire construire. Je m'attendais à cette réaction (prévoir). — 5. L'élève a rendu son devoir (donner). Les soldats se sont rendus au général vainqueur (capituler). Il s'est rendu à l'hôpital. (aller). — 6. Je vous sers du vin ? (verser). Il se sert d'une canne depuis qu'il a perdu la vue (utiliser). — 7. On m'a pris mon parapluie (voler). Elle s'y prend bien pour retenir l'attention de son auditoire. (avoir une bonne technique). Elle s'en est prise à son voisin (reprocher qqch.). — 8. Tu as agi sans réfléchir comme d'habitude (se comporter). Il s'agit de la vie d'une communauté au début du siècle. (c'est l'histoire de). Il s'agit de mettre les bouchées doubles maintenant. (il faut).

Exercice 6 (p. 31)
Exercice ne présentant pas de difficultés.

Exercice 7 (p. 32)
1. Elle a pris la décision. — 2. J'ai utilisé, employé. — 3. a fait une erreur. — 4. est disponible. — 5. a épousé. — 6. ont découvert, compris. — 7. Il est compétent. — 8. Vous regretterez. — 9. a pris. — 10. est tombé lourdement. — 11. garder le silence. — 12. sont partis, ont fui. — 13. avons pris un bain. — 14. Elle a éclaté de rire. — 15. Il a des remords.

Exercice 8 (p. 32)
1. il s'agit. — 2. Elle s'est évanouie. — 3. Il s'agit. — 4. elle s'est exclamée. — 5. il s'est effondré, écroulé. — 6. ils se sont évadés. — 7. il s'en est formalisé. — 8. s'adonnait à, se consacrait à. — 9. se sont emparées. — 10. Allons-nous en.

Exercice 9 (p. 32)

1. se faire à, s'habituer à. — 2. on ne se souvient plus. — 3. se lisait, se propageait, s'irradiait. — 4. s'est diffusée, répandue. — 5. Je me pose des questions. — 6. Il ne se plaît pas. — 7. Je me refuse à. — 8. s'improviser. — 9. Il se mord les doigts (fam.), il se repent. — 10. Il se charge trop et se surmène.

Exercice 10 (p. 32)

Exercice de créativité.

Adjectif verbal
Participe présent
Gérondif

Exercice 1 (pp. 33-34)

1. en traversant. — 2. obéissante, parlant, se proposant. — 3. souriante. — 4. en broyant du noir. — 5. ne s'étant pas arrêtée. — 6. Pouffant. — 7. ayant fondu. — 8. en forgeant. — 9. (en) doublant. — 10. M'étant allongée. — 11. Vous étant repris.

Exercice 2 (p. 34)

1. communicantes. 2. Divergeant. — 3. provocantes. — 4. communiquant. — 5. Suffoquant. — 6. équivalant. — 7. — provoquant. — 8. suffocante. — 9. fatigant. — 10. équivalents.

Exercice 3 (p. 34)

1. précédente. — 2. fatiguant. — 3. intrigante. — 4. précédant. — 5. négligents. — 6. Intriguant. — 7. Négligeant. — 8. Adhérant. — 9. vaquant. — 10. vacant.

Exercice 4 (p. 34)

1. Ambigu : comme je pars. — 2. Correct. — 3. Incorrect : je vous prie d'agréer. — 4. Incorrect : aux étudiants étrangers suivant un cours de français. — 5. Incorrect : le médecin redoutant une infection, la plaie... — 6. Incorrect : si (quand) on quitte la France... — 7. Correct. — 8. Incorrect : des touristes se sont arrêtés pour regarder les manifestants criant des slogans dans la rue. — 9. Correct. — 10. Incorrect : quand on loue un appartement, on ne sait pas...

Exercice 5 (p. 34)

Exercice de créativité

Exercice 6 (p. 34)

1. Si tu roules. 2. Comme elle a reconnu. 3. Quand nous sommes arrivés. 4. bien qu'ayant peu travaillé. 5. pendant qu'elle faisait. — 6. pendant qu'elle écoute. — 7. si tu persévères. — 8. Comme (alors que) nous marchions. — 9. Tu as crié si fort que... (c'est parce que tu as crié si fort que). — 10. Quoiqu'elle aille. (bien qu'elle soit allée).

Infinitif

Exercice 1 (p. 36)

1. Après s'être reposées. — 2. Après avoir bavardé. — 3. sans s'être concertées. — 4. avoir terminé. — 5. sans s'être revues. — 6. Après l'avoir vue. — 7. Après avoir débattu. — 8. de les avoir laissées. — 9. Après avoir suivi. — 10. Sans s'être rencontrés.

Exercices 2 et 3 (p. 36)

Exercices de créativité.

Exercice 4 (p. 36)

Obligatoires : 4 - 8 (si même sujet).
Possibles : 1 - 2
Plus élégantes : 3 - 6 - 10
Impossibles : 5 - 7 - 9

Exercice 5 (p. 36)

1. Il désire voyager. — 2. Nous avons pensé préparer une fête en son honneur. — 3. J'ai préféré lui dire (que) non. — 4. Jacques a cru avoir le temps... — 5. J'ai attendu d'avoir étudié la question... — 6. Il a accepté que je ne choisisse pas le livre... — 7. Nous souhaitons vous rencontrer... — 8. Vous voulez être accompagnées. — 9. Elle s'imagine avoir été très malade. — 10. Je refuse de recevoir cette personne.

Exercice 6 (pp. 36-37)

1. A en juger par (à voir). — 2. A l'en croire (à l'entendre). — 3. A le voir. — 4. A l'en croire. — 5. A tout prendre. — 6. A y regarder de près. — 7. A supposer que. — 8. A l'entendre. — 9. A supposer que. — 10. A tout prendre.

Exercice 7 (p. 37)

Exercice de créativité qui peut être fait ensuite à l'impératif et au futur.

2

L'article

Exercice 1 (p. 40)
Cet exercice ne présente pas de difficultés.
1. Non, il ne me reste pas de vin de table... etc.

Exercice 2 (p. 40)
1. n'éprouvent pas de. — 2. ne faisait pas d'efforts. — 3. n'a plus de problème(s). — 4. Vous n'avez pas de responsabilités. — 5. Si vous n'avez pas de suggestions à faire, inutile d'écrire. — 6. N'avez-vous pas de vacances. — 7. On ne mange pas souvent de nouilles. — 8. Je n'ai pas mis de verres. — 9. Il n'y a pas (il n'y a plus) de. — 10. On ne voit pas d'étoiles.

Exercice 3 (pp. 40-41)
1. du vin, de l'eau. — 2. du gibier. — 3. beaucoup de fautes. — 4. de peine. — 5. tu en as d'autres. — 6. de difficultés. — 7. peu de gens ; des. — 8. peu d'avantages ; beaucoup d'inconvénients. — 9. trop de, pas assez de. — 10. bien des ; la plupart des.

Exercice 5 (p. 42)
N'estimez-vous pas que vous avez *le* droit d'y voir clair en toutes circonstances ? Même s'il pleut et que vous roulez derrière *un* camion sur *une* route boueuse. Même si *le* temps est à *la* buée ou *au* givre. Nous exigeons, quant à nous que *l'*espace visible soit total au volant d'*une* Renault. Nous exigeons *de* grandes vitres : celles qui font le tour *de la* Renault 16 TS ont 2,41 m² de surface.
Nous exigeons *des* pare-brise nets. Pour nettoyer celui *de la* Renault 16 TS, à *l'*extérieur, nous lui avons donné 4 jets de lave-glace, un essuie-glace à 2 vitesses ; à *l'*intérieur *une* véritable soufflerie d'air chaud (pour *un* désembuage instantané).
Nous exigeons *des* lunettes arrière à visibilité totale. Celle *de la* Renault 16 TS comporte *un* dégivrage électrique. Nous aimons *des* voitures sûres même s'il pleut, confortables même sur mauvaises routes, efficaces en toutes circonstances. Et puisque nous ne pouvons pas faire *la* pluie et *le* beau temps, nous fabriquons *des* voitures qui y voient par tous *les* temps. Pour que vous ne soyez jamais tentés de rouler « plus vite que vos yeux ».

L'adjectif

Exercice 1 (p. 44)
1. étrange ; désireux de comprendre. — 2. pas compliquée ; sans ornement ; non gradé ; sans rien de plus. — 3. qui n'a plus cette fonction ; vieux ; ex. — 4. identique ; valeur de renforcement ; marque un degré élevé de cette qualité. — 5. aimé ; coûteux ; précieux. — 6. de peu de valeur ; la malheureuse ; nécessiteuse (indigente) ; stérile ; médiocre ; ingrat. — 7. éloigné ; flou (imprécis). — 8. renforcement à valeur péjorative ; digne de respect ; fieffé. — 9. étrange ; comique ; renforce l'intensité. — 10. insupportable ; mauvais ; laid.

Exercice 2 (p. 44)
1. honorables ; probe ; intègre. — 2. haut ; de haute taille ; célèbre. — 3. peu importantes ; squelettique (décharnée) ; sans graisse. — 4. intensité non négligeable ; incontestable ; quelques ; assuré. — 5. net ; renforce la possession ; convenable ; textuels. — 6. dangereux ; odieux ; brutal ; sans valeur. — 7. unique ; uniquement ; solitaire. — 8. renforcement à valeur péjorative (cf sacré) ; arrogant ; noble. — 9. sans valeur ; aucune ; sans vainqueur ni vaincu. — 10. après tous les autres dans l'ordre chronologique ; passé ; la plus récente. — 11. médiocres ; qui provoque le chagrin ; méprisable ; affligeante.

Exercice 3 (p. 44)
1. si j'ose dire. — 2. comme. — 3. à peine. — 4. pour ainsi dire. — 5. presque, en quelque sorte. — 6. en quelque sorte. — 7. bleuâtre. — 8. à peu près, comme, pour ainsi dire. — 9. légèrement. — 10. pas tout à fait.

Tout

Exercice 1 (p. 48)
1. tous les jours. — 2. tout/tous. — 3. toutes. — 4. tout. — 5. toutes. — 6. tout(e). — 7. tout. — 8. Toute. — 9. tout. — 10. tous.

Exercice 2 (p. 48)
Tout. — de tout temps. — tout inquiet. — toute la salle. — tous ses amis. — tout à coup.

— toutes ces réunions. — tous ces gens. — tous ses soucis, toutes ses angoisses, toutes ses hésitations.

Exercice 3 (p. 48)
1. chaque ; le. — 2. N'importe quelle. — 3. entièrement, le portrait craché (fam.). — 4. très. — 5. 100 % ; pure laine. — 6. l'unique ; le seul. — 7. Si ; quelque + subjonctif. — 8. seule. — 9. un(e) an(née) sur deux. — 10. n'importe quelle. — 11. entière. — 12. Même si, bien que. — 13. Très franchement. — 14. entièrement, complètement différentes. — 15. chacun. — 16. Alors que. — 17. Complètement. — 18. n'importe quelle ; 24 heures sur 24. — 19. entière. — 20. chaque année.

Exercice 4 (p. 49)
1. en tout et pour tout. — 2. A tout prendre ; tout bien considéré. — 3. tout compris. — 4. après tout. — 5. Somme toute. — 6. c'était tout comme. — 7. du tout au tout. — 8. somme toute. — 9. c'est tout dire. — 10. A tout prendre.

Exercice 5 (p. 49)
1. Tout le monde. — 2. le monde entier. — 3. à tout le monde. — 4. du monde entier.

Exercice 6 (p. 49)
1. à personne. — 2. à une personne. — 3. Personne. — 4. une personne. — 5. personne.

Exercice 7 (p. 49)
1. Quelqu'un. — 2. quelques-uns. — 3. quelqu'un. — 4. quelques-uns.

Exercice 8 (p. 49)
1. chaque. — 2. chaque. — 3. chacun. — 4. chacun. — 5. Chaque. — 6. Chacun. — 7. chaque. — 8. chacun. — 9. chaque. — 10. chacun.

Les pronoms personnels

Exercice 1 (p. 51)
1. irons. — 2. formons. — 3. sont brouillés. — 4. nous sommes donné. — 5. désirons. — 6. avons fait. — 7. faites. — 8. nous sommes mis. — 9. commencez. — 10. avons décidé. — 11. sommes persuadés. — 12. êtes. — 13. Venez. — 14. pouvons. — 15. seriez-vous d'accord.

N.B. : le verbe peut être précédé du pronom personnel pluriel reprenant les 2 pronoms personnels précédents : ex. : lui et moi, *nous* irons.

Exercice 2 (p. 51)
1. en. — 2. en. — 3. y. — 4. y. — 5. en. — 6. y. — 7. en. — 8. y. — 9. en. — 10. y.

Exercice 3 (p. 51)
1. j'*en* veux (un peu). — 2. je *les* aime. — 3. je ne *lui* ai pas tél. — 4. je n'*en* souhaite pas d'autres. — 5. je ne *l'*ai pas lue. — 6. Ils *l'*ont écoutée. — 7. Il (ne) *les* a (pas) rendus. — 8. Il (ne) *les* a (pas) tous coupés. — 9. Je (ne) *lui* ai (pas) écrit. — 10. Je (ne) *les lui* ai (pas) rendus.

Exercice 4 (pp. 51-52)
1. Elle la lui a donnée. — 2. il lui en avait apporté. — 3. Offre-leur en. — 4. Les enfants les ont cueillis pour elle. — 5. Porte-les lui. — 6. Je le lui ai rendu. — 7. Il l'y amènera. — 8. Il la lui a présentée. — 9. Je la lui ai payée. — 10. confiez-les lui.

Exercice 5 (p. 52)
1. tu les lui réciteras. — 2. Transmettez-les lui. — 3. L'agent le lui a proposé. — 4. elle lui en avait acheté. — 5. Il le lui a soumis. — 6. Elle la leur prêtait toujours. — 7. Il la leur a montrée. — 8. Il les leur a reprochées. — 9. Il les leur distribuait. — 10. Il lui en a offert une.

Exercice 6 (p. 52)
1. Je m'en souviens. — 2. Je me le rappelle. — 3. Je me souviens de lui. — 4. Je (ne) me les rappelle (pas). — 5. Il (ne) se souvient (pas) d'elle. — 6. Je me la rappelle. — 7. Je m'en souviens. — 8. Il se le rappelle. — 9. Je m'en souviens. — 10. Je me le rappelle.
Remarque : l'utilisation des pronoms « en » et « y » en remplacement d'un nom de personne est tolérée à l'oral, non à l'écrit.

Exercice 7 (p. 52)
1. Nous y pensons. — 2. Il ne s'en sert plus. — 3. Le lui confierez-vous ? — 4. J'y ai réfléchi. — 5. En prenez-vous ? — 6. Elle ne se souvient plus d'eux. — 7. Je ne me la rappelle plus. — 8. il les lui a pardonnées. — 9. Pensez-vous à elles ? (Y pensez-vous n'est toléré qu'à l'oral). — 10. Il l'y avait attachée.

Exercice 8 (p. 52)
1. Ma mère l'a fait réparer. — 2. Elle s'en est aperçue. — 3. Nous nous plaignons d'eux. — 4. il s'est heurté à lui. — 5. Il s'y efforce. — 6. Je l'attends sous peu. — 7. il s'y attendait. — 8. Ne

t'en moque pas. — 9. Je la transmettrai. — 10. Ne le connaissez-vous pas ? — 11. Ne l'achetez pas. — 12. Elle lui ressemble. — 13. Elle le lui écrit. — 14. Adressez-vous à elle. — 15. Il en a besoin.

Exercice 9 (p. 52)

1. Passez-m'en-un / Ne m'en passez pas. — 2. Prépare-lui-en un / Ne lui en prépare pas. — 3. Demandez-en une / N'en demandez pas. — 4. Laissez-lui-en une / Ne lui en laissez pas. — 5. Préparez-en un pour eux / N'en préparez pas pour eux. — 6. Changez-en / N'en changez pas. — 7. Envoyez-lui-en / Ne lui en envoyez pas. — 8. Prêtez-m'en / Ne m'en prêtez pas. — 9. Préparez-en une / N'en préparez pas. — 10. Laissez-lui-en / Ne lui en laissez pas.

Exercice 10 (p. 53)

1. Elle en a besoin. — 2. J'en ai envie. — 3. Elle l'apprécie. — 4. Il en est capable. — 5. Je l'envisage. — 6. Je le lui ai dit. — 7. Il en est certain. — 8. J'en ai peur. — 9. Je m'en passerais. — 10. Elle le mérite. — 11. Je le regrette. — 12. Il l'a obtenu. — 13. Je le crains. — 14. J'en suis sûr. — 15. Je ne l'admets pas. — 16. Elle en est contente. — 17. Je le lui ai conseillé. — 18. Je m'en souviens. — 19. Je le lui ai demandé. — 20. Je ne le supporterais pas.

N.B. : on remarque qu'à une construction avec *de + inf.* correspondent 2 constructions pronominales. En fait, certains verbes se construisant avec *de* ne sont pas vraiment des verbes transitifs indirects puisque si l'on remplace l'infinitif par un nom, la construction est directe.

Exemple :
j'ai envie *de* boire.
j'ai envie *d'*eau fraîche   J'*en* ai envie

Elle apprécie *d'*avoir été promue.
Elle apprécie cette promotion   Elle l'apprécie

Exercice 11 (p. 53)

Exercice de créativité à faire faire en groupes.

Les pronoms relatifs

Exercice 1 (pp. 54-55)

1. que. — 2. qui. — 3. dont. — 4. où (dans lequel). — 5. en quoi. — 6. où. — 7. dont. — 8. à quoi. — 9. qu'. — 10. où.

Exercice 2 (p. 55)

1. par qui, lequel. — 2. sur lequel. — 3. auprès de qui, laquelle. — 4. avec lequel, au moyen duquel. — 5. chez / avec qui. — 6. selon lequel. — 7. grâce à quoi. — 8. avec qui / lesquels. — 9. contre lequel. — 10. derrière laquelle. — 11. en qui. — 12. pendant lesquelles. — 13. parmi lesquels.

Exercice 3 (p. 55)

1. pour qui. — 2. lesquels. — 3. ce qui. — 4. qui / laquelle. — 5. quoi. — 6. lequel. — 7. desquelles. — 8. dont. — 9. ce dont. — 10. laquelle.

Exercice 4 (p. 55)

1. qui. — 2. ce que. — 3. quoi. — 4. qu'. — 5. auxquels (plutôt que : que). — 6. dont. — 7. ce que. — 8. où / dans lequel. — 9. auxquelles. — 10. laquelle.

Exercice 5 (p. 55)

1. Ce débat qui a été suivi... était... — 2. Ce bateau que tu as pris... faisait... — 3. L'ébéniste que je t'ai... est... — 4. Cette jeune fille qui s'avance... est... — 5. Ce livre auquel tu tiens m'a intéressé. — 6. Cette clairière où nous... était... — 7. Le parfum que tu m'as... était... — 8. Ces personnes auxquelles tu as fait... sont... — 9. Ce collier auquel je tiens... — 10. Cette garde-malade que vous avez fait...

Exercice 6 (p. 56)

1. J'ai acheté une jupe dont la couleur... — 2. Le potier a fait une cruche dont la forme... — 3. ... vous comptez mettre ces gants dont la couleur... — 4. ... quelques jours de repos à la montagne dont le climat... — 5. Je te montrerai les photos dont je t'ai parlé. — 6. ... ce film dont le sujet... — 7. Elle déteste sa bru dont le... — 8. Il a acheté la guitare dont il avait envie... — 9. J'aime les soirées d'été dont la luminosité... — 10. ... réussir cet examen dont la difficulté est bien connue.

Exercice 7 (p. 56)

1. ... votre valise dont le poids... — 2. ... tes ciseaux dont j'ai besoin. — 3. Vous trouvez charmante cette jeune fille dont la gaieté et la bonne humeur... — 4. ... nouveaux ballets dont il a entendu parler. — 5. ... les méridionaux dont l'accent... — 6. ... son aquarelle dont il n'est... — 7. ... région magnifique dont les forêts... — 8. C'est un chef-cuisinier réputé dont le pâté... — 9. ... ces fleurs dont la finesse... — 10. ... des réflexions amusantes dont l'humour...

Exercice 8 (p. 56)

Voici une proposition d'allongement :
1. Ce bibelot auquel tient Pierre est un Saxe de toute beauté. — 2. Le village de Provence dans

lequel il est né ne manque pas de cachet. — 3. Le guéridon sur lequel elle a posé ses clés est marqueté. — 4. L'époque à laquelle cet événement a eu lieu est encore très proche. — 5. Le contremaître grâce à qui/auquel il a réussi est mon beau-frère. — 6. Cette réponse à laquelle il ne s'attendait pas lui a cloué le bec. — 7. Le coucher de soleil qu'elles regardaient était splendide. — 8. L'outil dont j'ai besoin est difficile à manier. — 9. Le fleuriste chez qui/chez lequel elle est allée appartient à la chaîne Interflora. — 10. Ce médecin en qui j'ai toute confiance, m'a conseillé une intervention chirurgicale. — 11. Le passant qu'il a bousculé l'a regardé d'un air torve. — 12. La rue piétonne dans laquelle nous habitons, va être pavée. — 13. La nouvelle à l'annonce de laquelle elle s'est évanouie était véritablement tragique. — 14. La lettre à laquelle tu as fait allusion est strictement confidentielle. — 15. L'autre solution qu'il nous a proposée me paraît bien meilleure.

Exercice 9   (pp. 56-57)
1. Ce poignard, dont le manche est ciselé... — 2. Cet étudiant dont la capacité de travail est assez rare, réussira certainement. — 3. Ces petites filles dont la ressemblance est... sont... — 4. Il a acheté chez un brocanteur ce fauteuil dont les couleurs... — 5. Ce malade, dont le pouls et la tension baissent, est... — 6. Il me semble que cette mansarde, dont les poutres... — 7. Ces fleurs, dont j'ai oublié le nom... — 8. Cette chanson, dont le refrain... — 9. Ce clavecin, dont nous avons pu apprécier la sonorité... — 10. Ce buisson, dont les baies... — 11. Savez-vous que les hommes préhistoriques, dont les traces... ? — 12. J'ai cueilli un bouquet de lavande dont le parfum... — 13. Cette vieille dame, dont le chien est...

Exercice 10   (p. 57)
1. Il aime sa chambre sur les murs de laquelle il y a... — 2. Nous avons visité un château en ruines sur les murailles duquel... — 3. Elles ont apporté sur la plage un parasol à l'ombre duquel... — 4. Pour ton anniversaire, tu as reçu une carte postale au bas de laquelle... — 5. Elle peut s'appuyer sur son père auprès de qui/duquel... — 6. Voici l'adresse de l'agence immobilière avec le directeur de laquelle... — 7. Le pêcheur se dirigeait vers la rivière sur les bords de laquelle... — 8. ... tes parents à côté de qui/desquels... — 9. Ces arbres, sous les branches desquels nous nous sommes abrités, étaient... — 10. Les policiers à l'arrivée desquels les cambrioleurs...

Exercice 11   (p. 57)
1. Je vais souvent dans un restaurant au menu duquel... — 2. Voici des livres à l'intérieur desquels... — 3. Il a traversé à la nage une rivière sur les bords de laquelle... — 4. J'habite dans une rue sur les trottoirs de laquelle... — 5. Elle a pris de

jolies photos sur lesquelles... — 6. ... des livres anciens sur la couverture desquels... — 7. ... une radio à la suite de laquelle... — 8. C'est une façon de vivre à laquelle... — 9. C'est un texte bien hermétique auquel je ne... — 10. ... à un banquet à l'occasion duquel...

Les prépositions

Exercice 1   (p. 59)
1. dans, (pour). — 2. en, à. — 3. de, à. — 4. A, de, de. — 5. de, à. — 6. à, au. — 7. Sauf, à, à. — 8. à, au. — 9. de, en. — 10. au, de, à.

Exercice 2   (p. 59)
1. à. — 2. de. — 3. pour. — 4. de/en. — 5. à / de / pour. — 6. à. — 7. de. — 8. sur. — 9. contre ; à. — 10 de ; à. — 11. sur. — 12. avec. — 13. derrière. — 14. de. — 15. à. — 16. pour.

Exercice 3   (p. 59)
1. pour. — 2. de. — 3. d', sur. — 4. en, de. — 5. de, à. — 6. à. — 7. en. — 8. à, dans, de, à. — 9. de, avec, pour, à, de. — 10. sous, d'. — 11. en, avec. — 12. sur, de, de. — 13. sur, des. — 14. contre, en. — 15. en, de, dans. — 16. de, en. — 17. de, sur. — 18. dans, dans. — 19. en. — 20. à, dans.

Exercice 4   (p. 60)
1. à. — 2. sur. — 3. à, de. — 4. à, à, avec. — 5. contre, d', de. — 6. en, avec. — 7. sur. — 8. sur. — 9. à. — 10. d', à/en, de, à. — 11. avec. — 12. pour, dans. — 13. sur. — 14. sous, de. — 15. de. — 16. avec.

Exercice 5   (p. 60)
1. de, d', en, au. — 2. par. — 3. en. — 4. de. — 5. à, de. — 6. de. — 7. à, de. — 8. pour. — 9. de, en. — 10. de, dans. — 11. pour, à. — 12. d', de, sur. — 13. à, de.

Exercice 6   (p. 60)
1. Pendant / lors de / au cours de / durant. — 2. en, dans. — 3. en, dans, en. — 4. en. — 5. dans. — 6. dans. — 7. en, en, en. — 8. dans. — 9. d', en. — 10. dans. — 11. en. — 12. à, à, dans. — 13. en, sur, en. — 14. En. — 15. sur, en, de. — 16. En. — 17. en, en. — 18. en. — 19. Avec / grâce à, en, au. — 20. à.

Exercice 7   (pp. 60-61)
1. à, dans, sur. — 2. sur. — 3. sur, au, par. — 4. en, en. — 5. chez, chez. — 6. à. — 7. à, en,

de. — 8. Dans, en, à. — 9. de, à. — 10. de.
— 11 dans, sur, de. — 12. en, dans, de, de, à, de,
dans, d', de. — 13. En, dans. — 14. à. — 15. au,
à. — 16. en, par. — 17. de, avec. — 18. entre.
— 19. à. — 20. pour.

Exercice 8   (p. 61)
à : 1.4.6.8.10.
de : 2.3.5.7.9.

Exercice 9   (p. 61)
1. en passe d'. — 2. à l'encontre de. — 3. à l'avenant. — 4. en contre-partie. — 5. à l'instar de.
— 6. à l'avenant. — 7. à l'instar des. — 8. de pair
avec. — 9. à l'encontre de. — 10. en passe de.

Exercice 10   (p. 61)
1. Temps. — 2. But. — 3. Cause. — 4. Cause.
— 5. Cause. — 6. Conséquence. — 7. But.
— 8. Conséquence. — 9. Temps. — 10. But.
— 11. Cause. — 12. Prix. — 13. Echange.

Texte 11   (p. 62)
Une vague déferla, courut *sur* la grève humide et
lécha les pieds de Robinson qui gisait face *contre*
sable. *A* demi inconscient encore, il se ramassa *sur*
lui-même et rampa *de* quelques mètres *vers* la
plage. Puis il se laissa rouler *sur* le dos. Des mouet-
tes noires et blanches tournoyaient *en* gémissant
dans le ciel céruléen où une trame blanchâtre qui
s'effilochait *vers* le levant était tout ce qui restait *de*
la tempête *de* la veille. Robinson fit un effort *pour*
s'asseoir et éprouva aussitôt une douleur fulgurante
à l'épaule gauche. La grève était jonchée *de* poissons éventrés, *de* crustacés fracturés et *de* touffes
de varech brunâtre, tel qu'il n'en existe qu'*à* une
certaine profondeur. *Au* nord et *à* l'est, l'horizon
s'ouvrait librement *vers* le large, mais *à* l'ouest il
était barré *par* une falaise rocheuse qui s'avançait
dans la mer et semblait s'y prolonger *par* une
chaîne de récifs. C'était là, *à* deux encablures envi-
ron, que se dressait *au milieu* des brisants la sil-
houette tragique et ridicule de la *Virginie* dont les
mâts mutilés et les haubans flottant *dans* le vent cla-
maient silencieusement la détresse.

Texte 12   (p. 62)
LA VISIBILITÉ
La visibilité c'est bien sûr *pour* le bon conducteur le
souci de ne pas encombrer inutilement sa lunette
arrière *avec* tout ce qui peut être rangé *dans* le cof-
fre ou *dans* un vide-poche *par* exemple.
C'est encore *d'*avoir un pare-brise très propre *en*
permanence exactement comme les verres de phares qui eux aussi ont le droit *à* votre attention. Mais
au fond, tout cela, c'est un peu le b-a ba. Les exi-
gences *de* la visibilité dépassent ces soucis courants
pour rejoindre un des plus grands problèmes posés

au conducteur : celui *de* l'appréciation *de* la
vitesse. Physiologiquement, l'homme est peu armé
pour apprécier la vitesse.
Il dispose bien *d'*un sens spécial de l'équilibre dont
les récepteurs placés *dans* l'oreille interne sont
chargés *de* transmettre *au* cerveau des informations
qui sont complétées, recoupées *en* quelque sorte *par*
l'inertie *de* votre corps. Mais cette mécanique
extraordinairement perfectionnée ne fonctionne que
si la vitesse varie continuellement.
Sinon elle se met *en* sommeil. A vitesse constante
donc, seul l'œil accepte ce travail qui exige une
visibilité irréprochable, la plus périphérique possible. *De* ce fait, l'habitacle *de* la voiture doit être une
véritable tour de contrôle, dont la visibilité est pri-
mordiale. Est-ce suffisant ? Pas tout à fait. L'œil
n'enregistre qu'une succession d'images. Il vous
reste *à* les interpréter pour prévoir ce qui ne se
trouve pas *dans* votre champ visuel.

Texte 13   (p. 63)
PUBLICITÉ AIR FRANCE
Chaque mois ou chaque trimestre, *à* date régulière,
les 40 000 associations recensées *en* France se
retrouvent *devant* le même problème : où se réunir ?
A toutes ces associations *en* quête de nouveauté et
de dépaysement, Air France propose des voyages
de groupes *dans* tous les pays couverts *par* son
réseau.
Comment bénéficier *de* cette formule et aussi *de* ses
tarifs préférentiels ? Dites-nous les destinations que
vous aimeriez connaître, la durée et les conditions
de séjour envisagées. *En* fonction *de* tous ces éléments et, bien sûr, *de* vos possibilités *de* trésorerie,
nous vous proposerons le voyage exactement adapté
à votre groupement. *Sur* mesure, *en* quelque sorte.
Ainsi, *pour* 10 personnes, nous offrons, *par* exemple, 9 jours *à* New-York, *pour* 1 490 F *par* mem-
bre. Voyage *par* Air France et hôtel inclus. (lic.
583).
Quand vous chercherez un endroit où vous réunir,
n'oubliez pas qu'Air France vous propose le monde
entier. *Pour* avoir des renseignements plus détail-
lés, consultez les Agences *de* voyages agréées *par*
Air France ou écrivez *à* notre service « Voyages *de*
Groupes » Air France JM, 119, Champs-Elysées,
75008 Paris qui vous fera contacter *par* un spécialiste *de* votre région (liste *des* Agences *sur* demande
à Air France Cedex n° 876, Paris-Brune).

Mots invariables

(p. 64)
1. vivement. — 2. tranquillement. — 3. savam-
ment. — 4. brièvement. — 5. succinctement.
— 6. décemment. — 7. violemment. — 8. inten-

sément. — 9. aisément, décemment. — 10. vraiment. — 11. précisément. — 12. couramment.

Le « ne » explétif

1. Sortez avant que je ne me mette en colère.
— 2. Les êtres pusillanimes s'inquiètent plus qu'il
ne le faudrait. — 3. L'inspecteur de police ne doute
pas que le notaire ne soit impliqué dans l'affaire.
— 4. ... sans que le douanier (ne) s'en soit aperçu.
— 5. ... à moins que tu ne désires aller ailleurs.
— 6. ... je crains qu'il ne soit pas facile à supporter. — 7. ... que l'on ne pense. — 8. ... je ne nie
pas que vous ne puissiez pas avoir de belles aspira-
tions. — 9. ... que des éléments nouveaux n'inter-
viennent. — 10. ... ne soit inévitable.

3

L'expression de la réalité du concret

Le présent

Exercice 1 (pp. 67-68)
Habitude 1 ; 6 ; 10.
Sens courant 2 ; 3 ; 5 ; (1) ; 8.
Vérité générale 4.
Futur proche 5 (2.)
Si (possibilité) 7.
Présent de narration 9.

Exercice 2 (p. 68)
1. parle, elle finit. — 2. elle veut, elle ferme. — 3. asseyez-vous. — 4. il travaille, il acquiert. — 5. Vous vous distrayez. — 6. Je lis. — 7. tu lies. — 8. Tu mouds. — 9. égayent ou égaient. — 10. Ils nettoient. — 11. J. reçoit. — 12. il geint. — 13. atteignent, étreint. — 14. tue, va.

Exercice 3 (p. 68)
1. pond. — 2. Il rejoint. — 3. Vous teignez. — 4. Il cisèle. — 5. Tu répètes. — 6. Ils jettent. — 7. Nous nous rappelons. — 8. Nous crions. — 9. fuyez-vous.

Exercice 4 (p. 68)
Plusieurs structures verbales étant possibles, nous ne donnons ici que quelques possibilités :
1. Une gomme est un bloc de caoutchouc qui sert à effacer. — 2. Une chaise-longue est une sorte de grand fauteuil dont on se sert lorsqu'on veut s'étendre. — 3. Une pince à ongles est un instrument... — 4. Une brouette est un petit véhicule utilisé en jardinage pour... — 5. Un taxi est un moyen de transport (une voiture munie d'un compteur) qu'on utilise... — 6. Un compas est un instrument qui sert à... — 7. L'alcool à 90 ° est un liquide utilisé en... — 8. Un marteau est un outil... — 9. Un aspirateur est un appareil ménager... — 10. Une mayonnaise est une sauce...

Exercice 5 (p. 68)
1. Vous asseyez-vous avec nous ? / Vous vous asseyez avec nous ? — 2. Cela doit coûter cher ?

— 3. Je vous donne / Je vous offre / Je vous sers un verre de vin ? — 4. Est-ce que j'ai le temps d'aller faire une course ? — 5. Pourquoi as-tu douté du succès de ta fille ? — 6. Ils sont à l'aise maintenant ? — 7. On fait réparer notre vieille voiture ? — 8. Pouvez-vous nous dire qui est ce personnage ? — 9. Tu n'as pas l'air bien enthousiasmé par cette idée ? — 10. On pourrait peut-être faire un crochet par Lyon ?

Exercice 6 (p. 68)
Exercice de créativité à faire faire en groupes.

Exercice 7 (pp. 68-69)
1. La nuit porte conseil. — 2. Mieux vaut tard que jamais. — 3. Les cordonniers sont les plus mal chaussés. — 4. Chose promise, chose due. — 5. Il ne faut pas se fier à la mine. — 6. Pas de nouvelles, bonnes nouvelles. — 7. Plus on est de fous, plus on rit. — 8. Tout est bien qui finit bien. — 9. Il n'y a que le premier pas qui coûte. — 10. A chaque jour suffit sa peine.

Exercice 8 (p. 69)
Exercice de créativité entraînant une production écrite. A faire faire en groupes.

Exercice 9 (pp. 70-71)
Lecture de textes utilisant le présent.

Les temps du passé

Exercice 1 (p. 76)
Habitude : 1
Description : 2 - 3 - 5
Situation dans le passé : 4
Si + hypothèse : 6
Imparfait historique : 7
Si + expression d'un sentiment (regret, fureur, ici étonnement ou indignation) : 8
Atténuation de la réalité : 9
Irréel du passé : 10.

Exercice 2 (p. 76)
1. il s'asseyait. — 2. Il intervenait. — 3. Nous nous amusions. — 4. On voyait. — 5. ils se repo-

saient, nous riions, nous entendions. — 6. on disait... qui ne lui plaisait pas... il faisait.... — 7. contait. — 8. nous nous habillions. — 9. ... voletait. — 10. Nous cueillions... couraient.

Exercice 3 (p. 76)
1. Nous nous ennuyions... — 2. elle attendait... c'était... elle mettait... et y pensait... — 3. s'ouvrait. — 4. Il devenait... brillait... — 5. elles traînaient... ils étaient... n'avaient pas... — 6. approchait... je descendais... j'allais.

Exercice 4 (p. 76)
1. ... tu as visité. — 2. Il nous a dit... m'ont fait plaisir... — 3. ... lui a offert... — 4. Il s'est lavé... — 5. ... nous sommes revenus... — 6. Il est monté... il a monté... — 7. ... moi qui ai fait... vous qui l'avez mangé. — 8. Ils sont revenus... — 9. Elle n'a vécu que... — 10. Nous nous sommes tus... nous avons compris...

Exercice 5 (p. 76)
1. ... a rompu... — 2. Je me suis résolu... j'ai su... — 3. Il a suffi. — 4. Il a plu... — 5. Vous avez franchi... —6. J'ai eu maille à partir. — 7. Il a cru... — 8. Vous avez mis... — 9 ... il est monté... il s'est mis. — 10. Vous êtes né(e)... — 11. ... vous n'avez pas vu...

Exercice 6 (p. 77)
s'est passé... je me suis réveillé... j'ai quitté... je me suis habillé, je suis sorti... j'ai descendu les escaliers, j'ai pris... je suis arrivé... je suis monté... j'ai cherché... je me suis assis...
je suis entré...
... êtes venu... j'ai acheté... a bien voulu... j'ai sorti... j'ai déposé... il a pris... Vous m'avez fait peur.
... a donc demandé...
Il m'a dit : avez-vous pris... J'ai répondu... Il m'a entendu... il m'a cru... j'ai dit... il m'a rendu...

Exercice 7 (p. 77)
1. Je vis... elle me déplut... — 2. naquit... — 3. Il se résolut... — 4. Quand vint... elle comprit... — 5. ... (il) vécut... — 6. ... il obtint... — 7. Il s'abstint... — 8. ... il acquit... et put... — 9. ... elle alla... — 10. Je sus... — 11. Nous ne crûmes pas... — 12. Ils résolurent...

Exercice 8 (p. 77)
1. ... (il) a acquis... lui a permis. — 2. Il ne reste plus... Les enfants ont tout bu. — 3. Ils vivent... — 4. Elle a mis... — 5. Les Français élisent... — 6. ... je m'occupe... — 7. Les fermiers traient. — 8. Le train est parti... — 9. ... l'a beaucoup fatigué... — 10. ... nous avons visité... il nous a plu... nous avons signé...

Exercice 9 (pp. 77-78)
Dans les phrases de cet exercice, le passé-composé du premier verbe exprime une action achevée, et celui du deuxième exprime un résultat vérifiable au moment de l'énonciation.

Exercice 10 (p. 78)
L'objectif de cet exercice est d'amener les élèves à répondre en utilisant un verbe à l'imparfait pour décrire un état passé.

Exercice 11 (p. 78)
Exercice de créativité où l'élève doit opposer un état passé à un état présent avec l'aide des indicateurs temporels cités (la liste peut être complétée).
Il préparera à l'exercice 12 dans lequel l'élève doit décrire les images de son choix illustrant une habitude du passé qu'il opposera ensuite au même thème (vu au présent).
« Autrefois... maintenant / de nos jours... »

Exercice 13 (p. 81)
Cocteau conquit... son intelligence épousa ...il cultiva... Les surréalistes qui ne croyaient pas / ne crurent pas... le tinrent... Cocteau rechercha... il combina...
Cocteau imagina... il conçut... il adapta... il composa... il écrivit...

Exercice 14 (p. 81)
Voici une biographie possible parmi d'autres :
Mozart naquit en 1756 à Salzbourg. En 1762, il composa ses... Il dirigea de nombreux concerts... Il fit un séjour ... se maria en 1782. C'est cette même année que débuta son amitié... En 1786 eut lieu la Première des *Noces de Figaro* qui fut / remporta un triomphe. *Don Giovanni* fut représenté ... En 1791 il entreprit la composition ... mais il tomba malade et mourut. Le *Requiem* fut terminé...

Exercice 15 (p. 81)
1. elle se leva / elle s'est levée, le soleil brillait. — 2. Ses parents étaient... l'accident est arrivé. — 3. Je suis allé(e)... ils n'étaient pas là. — 4. ... elle s'est tournée / se tourna... elle avait... — 5. Le bébé s'est réveillé / se réveilla... les enfants faisaient / avaient fait... — 6. Je ne t'ai pas raconté... tu la connaissais... — 7. ... nous sortions... a débouché... nous a heurtés... — 8. ... il a choisi... il n'en prévoyait pas... — 9. ... n'a pas atterri... rendait... — 10. ... il a reconnu... n'étaient pas...

Exercice 16 (pp. 81-82)
Vérifier que dans leurs réponses, les élèves fassent bien la différence entre l'imparfait, action en cours d'accomplissement et le passé-composé, action commençant ou s'achevant :

Exemple :
— Qu'est-ce qui se passait quand tu es rentré dans la salle ?
  — Tout le monde *riait*.
  — Tout le monde *s'est arrêté* de parler.
— Tu t'es moqué de lui, qu'est-ce qu'il disait ?
  — Il *prétendait* que toutes les filles étaient amoureuses de lui.
  — Qu'est-ce qu'il a dit ?
  — Il *s'est fâché* et il est parti furieux.
etc.

Exercice 17 (p. 82)

1. Pourquoi n'es-tu pas allé ouvrir ?
  — J'ai pensé que Martine irait ouvrir.
  — J'écoutais de la musique.
2. Pourquoi est-ce que tu ne lui as pas répondu ?
  — Je n'ai pas compris exactement sa question.
  — Ça me gênait de le décevoir.
3. Pourquoi n'as-tu pas acheté d'ananas ?
  — Je n'en ai pas trouvé.
  — Ils n'étaient pas mûrs.
4. Pourquoi n'es-tu pas allé à Florence ?
  — Jean est tombé malade.
  — Il faisait trop froid.
5. Pourquoi as-tu donné ta robe rouge ?
  — Sylvie me l'a demandée plusieurs fois.
  — Elle ne m'allait plus.
6. Pourquoi as-tu arrêté de faire du ski ?
  — J'ai eu une crise de rhumatismes articulaires.
  — Mes skis étaient cassés et je n'avais pas de quoi m'en payer d'autres.
7. Pourquoi as-tu pris ce train-là ?
  — J'ai préféré voyager de nuit.
  — Il arrivait une heure plus tôt et il était direct.
8. Pourquoi n'as-tu pas suivi strictement la recette ?
  — J'étais pressée.
  — J'ai pensé que le gâteau serait trop sucré.
9. Pourquoi n'as-tu pas répondu à ma lettre ?
  — Je ne l'ai jamais reçue, ta lettre !
  — J'étais complètement débordée à cette époque.
10. Pourquoi n'as-tu rien dit ?
  — Je n'ai pas osé affronter leurs critiques.
  — Cela me paraissait tellement évident qu'il n'était pour rien dans cette affaire.

Exercice 18 (p. 82)

— Bonjour ! Alors, ces vacances ? Elles *se sont bien passées* ? *Tu as fait* un bon voyage ? Le Midi, c'*était* beau ?
— Ah oui, magnifique. Mais *tu as bien failli* ne pas me revoir de si tôt. Si *tu savais* ce qui *m'est arrivé* !
— ...
— *J'étais* au volant de ma voiture sur une petite route qui *longeait* le bord de la mer. Délicieux. *Je me suis dit* que *j'étais* en avance sur mon horaire et que *j'avais* dix fois le temps de prendre un bon petit bain. La plage *paraissait* tranquille. il n'y *avait* pas grand monde. Bon. *Je me suis déshabillé*. J'ai posé mes affaires sur le sable, *j'ai mis* la clé de ma voi-

ture au fond de ma chaussure avec mes vêtements en tas par dessus. *Je suis entré* dans l'eau sans aucune inquiétude. Et *j'ai nagé, j'ai nagé*. Du large, de temps en temps, *je jetais* un coup d'œil sur mes affaires qui en même temps me *servaient* de repère. Tout d'un coup, *je n'ai plus rien vu*. *Je me suis dit* que *je devais* me tromper, qu'*elles étaient* un peu plus à gauche.
Quand *je suis sorti* de l'eau, *je n'ai plus rien retrouvé*. *J'ai cherché* un moment et *j'ai fini* par comprendre qu'*on avait volé mes vêtements* et qui plus est, la clé de ma voiture. *J'ai demandé* aux gens qui *étaient assis* sur la plage. Naturellement personne n'*avait rien vu*. Il a fallu que j'aille au commissariat de police en slip. *Je me sentais* ridicule et *je voyais* bien que les gendarmes *prenaient* le fou-rire en me voyant. *J'ai dû* téléphoner à mon frère qui *était* en vacances dans la région. *Il m'a apporté* des vêtements et *m'a conduit* chez un garagiste qui par bonheur *était* le dépositaire d'une marque de clés qui *correspondait* à la mienne car *il avait travaillé* autrefois chez Renault.

Exercice 19 (p. 82)

Comme tous les matins, *je préparais* mon étalage de fruits et légumes.*J'étais* en train de ranger un cageot de mandarines lorsque, tout à coup *j'ai entendu* un coup de feu. Sur le moment, *je n'ai rien vu* et *j'ai continué* à disposer mes fruits en me disant que peut-être *je m'étais trompé / je me trompais*. *Je n'avais pas fini* ma phrase que *j'ai vu* un homme qui *passait* en courant, suivi d'un autre qui *avait* un pistolet à la main et qui *hurlait* des menaces.
J'ai appelé au secours. Des voisins *sont sortis* dans la rue et *nous nous sommes mis* à courir pour rejoindre les deux hommes. Ceux-ci *avaient disparu*. *Nous avions perdu* leurs traces. Personne ne *savait* qui *ils étaient*. Pourtant, plusieurs habitants du quartier *ont dit* que, la veille, *ils avaient remarqué* un individu bizarre qui *était passé* à plusieurs reprises dans la rue et *avait interpellé* des passants pour leur demander des renseignements curieux. *Ils avaient été étonnés* mais *ils n'y avaient plus pensé*. Maintenant, *ils comprenaient*. C'*était* certainement l'homme au pistolet.

Exercice 20 (p. 83)

Madame,
Je vous ai écrit il y a quelques jours à tout hasard pour vous dire que *je souhaitais* travailler chez vous en tant que fille au pair pendant cette année scolaire. *J'ai eu* votre adresse par une amie qui *avait été employée* chez vous il y a trois ans et qui *a gardé* un excellent souvenir de votre famille.
J'ai bien reçu votre lettre m'indiquant les conditions et je vous en remercie.
Je m'apprêtais à vous répondre pour vous donner mon assentiment quand *j'ai reçu* un avis de mon université que *je n'attendais* plus lorsque *je vous ai écrit*. En effet, en avril dernier, *j'avais déposé* un dossier et *on m'avait dit* que les listes *étaient* closes,

qu'*il ne fallait pas* espérer une inscription. On *m'avait mise* sur une liste d'attente. Entre temps, *il y a eu* des désistements, si bien que maintenant je peux m'inscrire et rester en Allemagne cette année. Je suis désolée de vous *faire / avoir fait* perdre du temps pour chercher une aide...

Exercice 21 (p. 83)

« ... Le premier instant de frayeur passé, ils appelèrent la concierge : *c'était* une vieille espagnole qui *était* là depuis les tout débuts de l'immeuble. Elle *arriva*, vêtue d'un peignoir orange à ramages verts, leur *ordonna* de se taire, et les *prévint* qu'ils ne *devaient* pas s'attendre à ce qu'on vienne les secourir avant plusieurs heures.
Restés seuls dans le petit jour blême, les quatre jeunes gens *firent* l'inventaire de leurs richesses. Flora Champigny *avait* au fond de son sac un restant de noisettes grillées qu'ils *se partagèrent, ce qu'ils regrettèrent* aussitôt car leur soif *s'en trouva* accrue. Valène *avait* un briquet et Monsieur Jérôme des cigarettes ; *ils en allumèrent* quelques unes, mais de toute évidence, ils auraient préféré boire. Raymond Albin *proposa* de passer le temps en faisant une belote et *sortit* de ses poches un jeu graisseux, mais *ils s'aperçurent* aussitôt qu'*il y manquait* le valet de trèfle. *Ils décidèrent* de remplacer ce valet perdu par un morceau de papier de format identique sur lequel ils dessineraient un bonhomme tête-bêche, un trèfle, un grand V et même le nom du valet. Ils se *disputèrent* quelques instants puis *convinrent* qu'il n'*était* pas absolument nécessaire de mettre le nom du valet. *Ils cherchèrent* alors un morceau de papier. Monsieur Jérôme *proposa* une de ses cartes de visite, mais *elles n'avaient pas* le format requis. Ce qu'*ils trouvèrent* de mieux, *ce fut* un fragment d'enveloppe provenant d'une lettre que Valène *avait reçue* la veille... »

Exercice 22 (p. 84)

1. Je continuais... je fis :...il présidait... se tua... entrèrent... — 2. ... me traitaient... ils ne voyaient pas...— 3. ... déjeunait... s'approcha... le regarda... lui dit... vous avez... ne figure pas... — 4. ... nous allions/allâmes... était couché... s'accumulaient... devenait... me dit... avez imposé... qu'entendiez-vous... changea...— 5. ... fut tué... il tenait... — 6. ... que l'on a aimés... on y pense... — 7. Je découpais... me fit... se tenait... je l'entendis... — 8. ... j'allais... me tendit... — 9. ... je ne pouvais plus... j'ai fait... Je savais... mais j'ai fait... a tiré... qu'il m'a présenté... a giclé... c'était... m'atteignait... — 10. ... s'est tendu... j'ai crispé... a cédé... j'ai secoué. J'ai compris... j'avais été heureux.

Les passés relatifs

Exercice 1 (p. 87)

1. Je ne savais pas que *tu étais allé* t'inscrire à ce cours. — 2. Je ne me suis pas rappelé si *elle avait rencontré* son mari au Maroc ou au Canada. — 3. Elle a dit que son fils *avait réussi*. — 4. Et pourtant, j'étais sûr qu'*on m'avait dit* qu'*il avait échoué*. — 5. J'ai couru pour être à l'heure à la séance mais *elle avait déjà commencé*. — 6. Pierre m'a écrit qu'*il avait eu* des ennuis avec sa voiture. — 7. Elle a pu continuer ses études parce qu'*elle avait obtenu* une prolongation de sa bourse. — 8. Elle n'a pas pris son parapluie car *il avait cessé* de pleuvoir. — 9. Le secrétaire a certifié qu'*il avait envoyé* la lettre par retour du courrier. — 10. Dans sa lettre, le directeur certifiait qu'*il avait prévenu* le personnel du changement d'horaire.

Exercice 2 (pp. 87-88)

1. Comme il se sentait fiévreux, il est rentré chez lui et s'est mis au lit. — 2. Une fois qu'il a eu compris la difficulté, il a fait l'exercice qu'il a trouvé simple. — 3. Quand elle est arrivée chez elle, elle a pris une douche parce qu'elle avait trop chaud. — 4. Lorsqu'il essaya de démarrer, sa voiture cala car il avait oublié de desserrer les freins. — 5. Quand Sylvie est née, tout le monde a remarqué à quel point elle ressemblait à sa mère. — 6. Comme j'avais une réclamation à faire, j'ai pris l'annuaire pour trouver le numéro et j'ai demandé le directeur. — 7. Il avait tellement chaud qu'il s'est arrêté dans un bistro et a commandé un demi. — 8. Pierre avait des réticences à lui demander ce service mais il a pris son courage à deux mains et s'est jeté à l'eau. — 9. Yves avait bien entendu sonner son réveil mais il s'est retourné de l'autre côté et s'est rendormi. — 10. Elle était allée chercher de l'argent au guichet d'une banque, pourtant elle se l'est fait refuser, étant donné que son compte était à découvert.

Exercice 3 (p. 88)

Dans cet exercice, lorsque tous les temps sont à trouver, plusieurs solutions sont possibles. L'enseignant ne se limitera donc pas à *une* série de temps. Les phrases de ce type sont marquées ici par un astérisque.
1. ... il eut fini... il était... — 2.* ... avaient fini... c'était... elles venaient... — 3. ... vous l'aviez écouté... — 4. Si je savais / si j'avais su... — 5. ... ne m'avait rien rappelé... — 6*. Nous avons invité... que nous avions rencontrés... — 7*. Elle tricotait... nous avions vu... — 8. Je vous présente... je vous ai souvent parlé... — 9*. ... j'avais rêvé... il y avait eu... j'ai réalisé... je suis revenu. — 10*. Elle fut rentrée... elle mit... elle avait ramassées... elle se réjouit...

23

— 11*. Ne savez-vous pas que j'ai été… je vous l'ai écrit… — 12*. … finirent… eut expliqué… ils devaient… — 13. … elle fredonnait… elle avait apprises… qui lui rappelaient… elle était heureuse.

Exercice 4 (p. 88)
Même remarque.
1.* … il eut fini… il posa… et s'assoupit… — 2. Il y a belle lurette que j'ai compris… — 3*. l'eut-elle aperçu qu'elle s'avança… — 4*. J'étais venu… — 5. Si vous aviez travaillé… — 6. … vous aviez une mention / vous auriez eu… — 7*. Il avait neigé… n'était pas passé / ne passait pas… il ne pouvait pas… — 8. … eut fini… il eut découvert… il comprit… il avait été joué. — 10*. … elle a beaucoup vieilli. — 11*. … il nous a faussé compagnie… — 12. … est mort / mourut… — 13*. Je suis venu… j'habitais… j'étais… — 14*. Il n'y est pas allé… il a eu compris… il avait affaire. — 15*. … elle fut montée… elle fut prise… et s'écria…

Exercice 5 (pp. 88-89)
« … Une fois par semaine, les Heurgon *s'absentaient*. Je ne sais plus où *ils allaient*. Comme Gide *ne voulait pas* les suivre, on m'avait demandé de lui préparer des œufs sur le plat pour son déjeuner… D'abord, *j'étais paralysée* par l'admiration, le respect dont tout le monde *l'entourait*, ensuite *j'avais* douze ou treize ans et *je n'avais pas* de compétences culinaires particulières…
N'empêche que ce vieux bonhomme *m'intriguait* car ma mère *m'avait interdit* d'ouvrir ses livres : « Ils ne sont pas pour les petites filles. » Inutile de dire qu'à la première occasion *je les avais ouverts* et que *je n'y avais rien compris*. Ma curiosité en *avait été avivée* et comme il lui *arrivait* souvent de recevoir des amis chez nous, dans le grand salon, *j'avais décidé* d'assister clandestinement à une de ces réunions, pensant y entendre des propos salaces. Un coin de la pièce *était occupé* par un piano à queue drapé d'un châle sévillan qui *tombait* jusqu'à terre ; ce serait ma cachette. Alors, un jour, en rentrant de classe, *j'ai commencé* par me faire un bon goûter, puis, une fois nantie de ces provisions, je *me suis enfournée* sous le piano, sachant que j'en aurais jusqu'au soir. À travers les franges du châle, *j'ai vu* arriver des messieurs très sérieux et parmi eux, Saint-Exupéry que *j'avais vu* autrefois et que *j'aimais* bien, parce qu'*il avait* une petite tête ronde en haut d'un corps immense, toujours en uniforme. »

Exercice 6 (pp. 89-90)
1. … avait appris… — 2. … c'était… était tranché… se défaisait… avait lié… se découvraient… ils se retrouvaient… — 3. … s'écoulèrent… j'avais rencontré… je me retrouvai… — 4. … je revins… qu'elle pleurait… était le sujet… Je lui offris… elle dit… n'y tenait… Je voulus… je la reconduisais…

— 5. … je me promenais… était mise… je ne pouvais… me parurent… je la suivis… elle traversait… paissait… accourut… — 6. … était… j'avais beaucoup marché… je me dirigeai… j'aperçus / j'apercevais… — 7. … je me disposais… je vis… j'avais rencontré… Il commença… ce qu'il se présentait… il m'annonça… était malade… elle l'avait chargé… — 8. … j'eus fini… j'aperçus… qui donnait… je fus présenté… — 9. … elle avait… elle passait… pleurait… lui avait volé… — 10. … nous a donné…

Texte 7 (p. 90)
« Quelle heure est-il ? » demanda Théodore à ce gamin de gendarme. Cinq heures du matin… *avait répondu* Moncorps. La trompette de cavalerie *sonnait* déjà le rassemblement dans la cour, et il *faisait* encore presque nuit, tant le ciel *était* couvert, la pluie *n'avait pas arrêté* depuis la veille. Sur trois ou quatre lits, les torses *surgirent*, les mousquetaires d'instinct *portaient* la main à leurs cheveux, bâillant. Une épée *tomba, tinta* sur le plancher. Tout à coup, la lumière *s'éleva, dansa, raya* l'espace : *c'était* quelqu'un, grimpé sur le banc, près de Gallifet qui *venait* d'allumer la lampe à huile suspendue sous son abat-jour de tôle. On *entendait* courir dans les couloirs ; des gaillards, encore roses de s'être frotté le cou et les oreilles, les joues brûlantes du rasoir, *rentraient* bruyamment, se *précipitaient* sur l'uniforme abandonné, jetant leurs serviettes au pied des paillasses.

Exercice 8 (p. 90)
Quand il *eut fait* sa toilette, remis avec une grimace, il *avait* les pieds gonflés, les bottes que Denise *avait nettoyées*, comme elle *avait brossé ses habits*, Théodore *descendit* pour tâcher de savoir où *était* le quartier des mousquetaires, si l'on *partait* ou quoi. Au passage, dans la boutique il *trouva* les dames Durand affairées à organiser pour la nuit une sorte de canapé, en guise de lit, pour l'hôte de l'épicerie, qu'on ne *pouvait* pas décemment laisser se recoucher sur les caisses de la réserve, on *l'installait* en plein milieu de l'épicerie, Denise *garnissait* de linge cette couche improvisée, tandis que sa mère, qui *était* une femme d'âge, avec un visage tout en os (contrastant avec l'épaisseur de sa taille, bien qu'elle n'*eût* peut-être pas la cinquantaine) *faisait* la conversation avec Arthur qui les *avait* apparemment toutes deux *séduites*.

L'expression de l'avenir

Exercice 1 (pp. 91-92)
1. Elle balaiera / Elle balayera… — 2. Nous mourrons… — 3. Vous accourrez… vous enten-

drez... — 4. ... à qui emploiera... — 5. Vous jetterez... — 6. ... quand viendra... je couperai... vous apporterez... — 7. ... vous courrez... vous aurez... — 8. ... vous nous écrirez... vous viendrez. — 9. ... il aura fini... il pourra... — 10. ... je ne comprendrai... — 11. ... nous achèterons... — 12. ... seront arrivés... vous servirez... — 13. Me croirez-vous... — 14. ... il aura reçu... il examinera... et appuiera... — 15. Nous verrons bien... s'il saura... il faudra... — 16. Tu riras... tu sauras.. — 17. ... vous aurez lu... vous comprendrez... — 18. ... sera mise en service... — 19. ... que sera...

Exercice 2 (p. 92)
Exercice structural ne présentant aucune difficulté : nous croyions qu'il irait à la chasse.
Je me demandais à quelle heure il téléphonerait... etc.

Exercices 3, 4 et 5 (pp. 92-94)
Exercices de créativité à faire faire en groupes en classe ou en devoir à la maison.

Exercice 6 (pp. 94-95)
Faire repérer dans l'offre d'emploi 1 quels sont les temps employés, dans quelles parties, et pourquoi. Transformer l'offre d'emploi 2 sur ce canevas en ajoutant tous les verbes ou auxiliaires modaux nécessaires.

Exercice 7 (p. 95)
1. je vais me préparer. — 2. ... ils viendraient... Ils auront eu... — 3. ... tu auras fini... — 4. ... il se ferait... — 5. ... le plombier doit / va passer... — 6. ... nous serons communiqués... — 7. ... il va pleuvoir. — 8. ... ils ne trouveront... — 9. Tu seras bien aimable... — 10. ... il me téléphonerait... il serait arrivé.

Expression du temps

Exercice 1 (p. 100)
Exercice d'expression orale ayant pour objectif d'obtenir une réponse exprimant la durée d'un état passé, d'une action en cours d'accomplissement, ou d'un événement futur, ou sur la datation d'un événement.

Exercice 2 (pp. 100-101)
1. ... tu choisis... — 2. ... sache... — 3. ... a sorti / sort ou eut sorti / sortit... — 4. ... comprennent. — 5. ... avant qu'il n'ait... — 6. ... je vais...

— 7. ... je suis sûr... — 8. ... réparait... — 9. ... tu aies lu... — 10. tu auras lu... — 11. ... vous ne vous en doutiez pas... — 12. ... soit accusé...

Exercice 3 (p. 101)
1. ... vous ne téléphoniez... — 2. ... nous puissions... — 3. ... je ne connaîtrai... — 4. ... elle raccomodait... — 5. ... revienne... apparaissent. — 6. ... ils puissent... — 7. ... finissait... — 8. ... vous sachiez... — 9. ... je comprends / j'ai compris... — 10. ... je me souvienne... — 11. ... nous avons quitté... — 12. ... il se sera remis...

Exercice 4 (p. 101)
1. ... tout à coup / soudain... — 2. ... pendant que / avant que... — 3. ... toutes les semaines... — 4. A peine... — 5. Dès que / quand / une fois que... — 6. ... déjà / juste / à peine... — 7. Avant... — 8. ... jusqu'à... — 9. Depuis... — 10. Pendant / Durant / Au cours de / Lors de... — 11. Après... — 12. Tant que... — 13. Quand / et qu'il... — 14. En attendant que... — 15. Au fur et à mesure que...

Exercice 5 (p. 101)
1. ... toute la nuit. — 2. ... il y a... — 3. ... n'a pas / guère... plus de — 4. ... deux jours / deux journées... — 5. ... par retour du courrier / dans les plus brefs délais. — 6. ... tous les matins. — 7. ... en deux jours. — 8. ... les dimanches et jours fériés. — 9. ... jusqu'à... — 10. Dans... — 11. Depuis... — 12. Pendant / Durant... — 13. ... de... plus tard / après... — 14. ... du... au... en... en... — 15. ... du... au...

Exercice 6 (p. 102)
1. ... pour / dans... — 2. Au cours de / Lors de... — 3. Jamais / pas un seul instant... — 4. ... il y a... — 5. ... en un tournemain. — 6. ... qu'une dizaine / une vingtaine... — 7. ... dans... — 8. Avant de... — 9. Depuis... — 10. ... depuis... — 11. Maintenant que... — 12. Dès que / Aussitôt que... — 13. Tant que... / Aussi longtemps que...

Exercice 7 (p. 107)
1. Le garagiste révise la voiture de sa cliente avant qu'elle ne parte en voyage.
... dès qu'elle part...
... en attendant qu'elle parte...
... quand elle part...
... lorsqu'elle part...

2. Il écoute la radio jusqu'au moment où les enfants ont fini leurs devoirs.
... avant que les enfants n'aient fini...
... quand les enfants ont fini...
... aussitôt que les enfants ont fini...

... une fois que les enfants ont fini...
Il n'écoute pas la radio tant que les enfants n'ont pas fini...
Il écoute la radio dès que les enfants ont fini...
... après que les enfants ont fini...

3. Il lui a parlé sur un ton désinvolte jusqu'à ce qu'elle réagisse violemment.
... avant qu'elle ne réagisse...
... tant qu'elle n'a pas réagi...
... en attendant qu'elle ait réagi...
Il ne lui a plus parlé... lorsqu'elle a réagi...
Il ne lui parle plus... maintenant qu'elle a réagi / qu'elle réagit...

Exercice 8 (p. 102)
1. ... quand... — 2. Dès... — 3. Avant de / En attendant de... — 4. Après... — 5. Après que / Dès que... — 6. Avant... depuis que... — 7. ... jusqu'à ce qu'... — 8. Après... — 9. Avant... à partir de / dès... — 10. Avant de... — 11. ... depuis / après... — 12. Après...

Exercice 9 (p. 102)
Il est arrivé à 2 heures. — Pendant deux mois le village est resté bloqué par la neige. — Il part pour deux ans en Afrique au titre de la Coopération. — Je viendrai vers deux heures. — Il travaille depuis vingt minutes. — Tu peux faire l'aller-retour en deux heures. — Il y a deux heures, j'étais avec lui. — J'aurai fini dans deux heures. — Il y a deux heures qu'il pleut à verse. — Il a été emmené au commissariat, mais deux heures après il était libre. — Depuis midi, nous n'avons plus d'électricité. — Téléphonez-lui avant 14 heures.

Exercice 10 (p. 102)
Il se plaint du matin au soir. — Pendant des mois nous sommes restés dans la grisaille. — Il est resté absent une quarantaine de minutes. — Il fait une cure une fois tous les deux ans. — Vous recevrez un accusé de réception sous huitaine. — Pour nos vacances, nous n'avons compté que les jours ouvrables. — Il y a très longtemps, on trouvait un octroi à l'entrée de la ville. — Tu devrais recevoir une réponse d'ici à trois jours. — Je vous saurais gré de me répondre par retour du courrier. — Mais oui, je l'ai vu, pas plus tard qu'hier d'ailleurs ! — Il a avalé son potage en un clin d'œil. — J'attends sous peu la visite de quelqu'un : vous voudrez bien nous laisser.

Le discours rapporté

Exercice 1 (pp. 107-108)
1. Il demande quelle heure il est. Il a demandé quelle heure il était. — 2. Il dit de fermer la porte / qu'on ferme la porte. Il a dit... (id). — 3. Il confirme qu'il rapportera les disques. Il a confirmé qu'il rapporterait... — 4. Il demande qu'on ouvre la fenêtre / d'ouvrir... Il a demandé... (id). — 5. Il ajoute que s'il a le temps, il ira à Versailles. Il a ajouté que s'il avait le temps, il irait à... — 6. Il répond que le train de Paris n'est pas encore arrivé. Il a répondu que le train de Paris n'était pas encore arrivé. — 7. Il lui demande s'il viendra seul. Il lui a demandé s'il viendrait seul. — 8. Il dit que deux droites orthogonales forment un angle... Il a dit que... (id.). — 9. Il leur demande de se taire. Il demande qu'on se taise. Il (leur) a demandé de se taire. — 10. Il demande ce qu'ils disent (ce qu'il dit). Il a demandé ce qu'ils disaient (ce qu'il disait). — 11. Il demande si nous voulons du thé ou du café. Il a demandé si nous voulions... — 12. Il demande qui peut répondre à cette question. Il a demandé qui pouvait répondre à cette question.

Exercice 2 (p. 108)
1. Elle demanda à son collègue ce qu'il allait faire cet après-midi là. — 2. Pendant qu'elle nous parlait, nous pensions combien elle avait l'air fatiguée et combien elle devait avoir besoin de repos. — 3. Mon amie m'a demandé si j'étais contente de ma machine à laver et si je l'avais payée cher. — 4. Je voudrais savoir ce que tu as pensé de l'émission de télévision de jeudi soir. — 5. Son frère lui a demandé s'il (si elle) l'accompagnerait au cinéma le lendemain. — 6. Il a annoncé à sa mère qu'il partait finir ses études à Paris. — 7. Dans son discours au personnel, le directeur a dit qu'ils n'aient aucune crainte, et a confirmé qu'ils auraient tous une augmentation de 3 % d'ici à deux mois. — 8. Après plusieurs heures d'interrogatoire, l'inculpé est passé aux aveux disant / a avoué / que c'était lui qui avait maquillé l'immatriculation de la voiture. — 9. L'employé de mairie m'a affirmé que je recevrais ma fiche d'état-civil sous huitaine, qu'il n'avait plus qu'à la faire tamponner et signer par le maire. — 10. J'ai tenu à lui demander si elle serait allée à cette soirée sans la permission de sa mère.

Exercice 3 (p. 108)
Il semble logique que les paroles de Jean-Pierre soient rapportées au passé.
1. *Jean-Pierre rapporte ses paroles à ses parents :* « Je lui ai dit que vous me proposiez d'aller trois jours à Hyères avec vous, que vous seriez très heureux qu'elle vienne avec nous, qu'on prendrait

votre voiture qui est assez grande. J'ai ajouté que moi, ça me ferait très plaisir qu'elle nous accompagne. »

2. *Véronique rapporte les paroles de Jean-Pierre à ses parents* : « Il m'a dit que ses parents lui proposaient d'aller trois jours à Hyères avec eux, qu'ils seraient très heureux que j'aille avec eux, qu'on prendrait leur voiture qui est assez grande. Il a ajouté que ça lui ferait plaisir que je les accompagne. »

3. *La mère de Véronique en parle à son mari* : « Il lui a dit que ses parents lui proposaient d'aller trois jours à Hyères avec eux, qu'ils seraient très heureux que Véronique aille avec eux, qu'ils prendraient leur voiture qui est assez grande. Et il a ajouté que lui, ça lui ferait très plaisir que Véronique les accompagne. »

Remarque : Profiter de cet exercice pour introduire le style indirect libre qui rend le style moins lourd. Donner également les différentes valeurs du pronom « on » (sens global d'où le locuteur est ou non exclu. On = nous / ils ; sens péjoratif : on = tu / vous).

Exercice 4 (p. 108)

1. *De l'avis de* - La police pense que l'incendie serait d'origine criminelle. — 2. *Selon* - Les médecins considèrent qu'il y a incompatibilité entre ce traitement et le malade. — 3. *Pour* - M. Martin juge que cette histoire n'est guère plausible. — 4. *Au dire des* - Les voisins ont déclaré que le jeune homme se livrait à des activités illicites. — 5. *D'après* - Les enquêteurs croient que l'attentat aurait été commis par un groupe de fanatiques. — 6. *Selon l'opinion* - Cet homme politique trouve qu'une telle attitude serait de la pure démagogie. — 7. *A entendre* - Ses proches collaborateurs estiment que ce serait un personnage très pusillanime. — 8. *D'après* - Le maire a annoncé dans son discours que notre ville serait bientôt équipée de nouveaux logements sociaux. — 9. *A en croire* - Sa famille prétend que c'est un bourreau de travail. — 10. *D'après* - Les personnes présentes au moment de l'accident ont signalé que la collision aurait pu être évitée.

Exercice 5 (p. 109)

Le fils rapporte les paroles de son père quelques heures après : « Il m'a dit que mon attitude le surprenait beaucoup. Je passe un concours dans trois semaines, hier, je suis sorti avec des camarades, et la semaine prochaine je pars en Angleterre. Il admet que je ne suis plus un enfant mais il a tenu à me rappeler ce qui est arrivé à mon frère il y a deux ans, et combien celui-ci avait regretté d'avoir perdu son temps. Il m'a enfin supplié de ne pas gâcher mon avenir.

Six mois après, le père rapporte ses paroles à un collègue : « J'avais fait observer à mon fils que son attitude me surprenait beaucoup. Trois semaines plus tard, il passait un concours, et, la veille il était sorti avec des camarades ; la semaine suivante il partait en Angleterre. J'avais reconnu qu'il n'était plus un enfant mais j'avais voulu lui rappeler ce qui était arrivé à son frère deux ans avant, et combien ce dernier avait regretté d'avoir perdu son temps. Je l'avais enfin adjuré de na pas gâcher son avenir. »

Exercice 6 (p. 109)

Cette bande dessinée peut servir de support à un essai sur le discours rapporté. (travail à faire faire en classe en petits groupes pour l'élaboration du dialogue, puis travail individuel écrit).

Exercice 7 (p. 110)

1. « Asseyez-vous, je vous en prie. » — 2. « Je t'en prie, renonce à ce projet. » — 3. « Prenez une feuille de papier. » — 4. « Si ça continue, je te quitte » / « Fais attention, je vais te quitter. » — 5. « Le cours n'aura pas lieu la semaine prochaine. » — 6. « D'accord, reportons l'entrevue à huitaine » / « Entendu, l'entrevue est reportée à huitaine » / « Je veux bien que... soit... » — 7. « Et si on se retrouvait au café après la conférence ? » / « On pourrait se retrouver au café après la conférence. » — 8. « D'ailleurs j'avais donné l'ordre ne de plus utiliser cette machine. » — 9. « Vous pouvez être tranquille » / « Je vous assure que le manuscrit sera tapé avant la fin de la semaine. » — 10. « J'exige que la presse publie un démenti à ces propos. »

Exercice 8 (p. 110)

1. (Un employé). - L'employé *a assuré* à son directeur qu'il n'avait jamais reçu d'argent de ce client. — 2. (parent à enfant / ami à un autre ami) : *Il l'a averti* qu'il risquait d'avoir une contravention. — 3. (ami, connaissance) : *Il a admis* qu'il s'était trompé. — 4. (un client, un consommateur) : *Il a exigé* d'être remboursé. — 5. (des complices) : Les témoins *ont reconnu* qu'ils avaient caché des armes chez eux. — 6. (une personne accusée) : Le suspect *a avoué* au juge qu'à cette époque il faisait partie de la bande mais maintenant il lui *jurait* qu'il n'avait plus rien à faire avec eux. — 7. (un parent, un ami) : *Il a confirmé* qu'ils arriveraient par le train de 19 h 15. — 8. (une vendeuse) : *Elle m'a garanti / certifié / assuré* que ces bottes étaient imperméables. — 9. (un avocat) :*Il a répété* que son client n'était pas à Paris à cette date. — 10. (Un parent à une adolescente) : *Il lui a interdit* de conduire / *Il a refusé* qu'elle conduise la voiture car c'était trop risqué puisqu'elle n'avait pas encore son permis. — 11. (Un adolescent à un camarade) : *Il s'est étonné* qu'on lui ait volé son auto-radio toute neuve. — 12. (Un médecin à son patient) : Constatant que ce traitement était inefficace / ne faisait pas d'effet, le médecin *a conseillé* à son patient d'aller consulter un spécialiste ou un acupuncteur.

Exercice 9 (pp. 110-111)

1. Très en colère, le directeur de l'agence a fait remarquer à sa secrétaire qu'il lui avait demandé la liste exhaustive de tous leurs clients et qu'il ne voyait pas la moitié des noms / que la moitié des noms manquait. Il l'a prévenue que si cela continuait, il ne pourrait pas la garder. — 2. Elle a dit à son mari qu'elle n'approuvait pas du tout son laxisme vis-à-vis de ses enfants, qu'un jour ils en paieraient les conséquences et qu'à ce moment-là, il serait le premier à le déplorer. — 3. Elle leur a répondu que c'était rédhibitoire, que les prix étaient absolument prohibitifs pour elle à ce moment-là et que cela grèverait trop son budget. Elle regrettait de ne pas pouvoir se le permettre. — 4. Ils se sont exclamés que cette construction affreuse déparait complètement le quartier et qu'ils le regrettaient d'autant plus qu'ils venaient de faire ravaler leur façade. — 5. Après avoir demandé au vendeur de l'excuser, elle l'a prié de lui reprendre ses chaussures, arguant du fait qu'elle était pressée et préoccupée par de graves soucis quand elle les avait achetées. — 6. Il s'est dit qu'il n'allait pas rester là longtemps, assuré de trouver ailleurs un travail plus intéressant et de meilleurs appointements. — 7. Il répond qu'on parte sans lui, qu'il ne peut pas être plus heureux que chez lui. Il déplore que nous ne le comprenions pas. — 8. Les enfants criaient que nous n'arriverions pas à temps. Ils se demandaient ce que nous allions faire si nous ne trouvions pas un abri. Ils pensaient que nous serions peut-être obligés de nous abriter dans une grange. — 9. Son collaborateur lui a fait remarquer qu'ils n'étaient pas des petits garçons et il l'a assuré qu'ils étaient capables d'assumer leurs responsabilités et leur travail sans qu'il s'impose de le leur répéter chaque matin. — 10. L'employé m'a averti que mon paquet excédant de beaucoup le poids autorisé par les P. et T., j'avais le choix entre payer une surtaxe ou refaire mon paquet.

Exercice 10 (p. 111)

Il a fait remarquer à Marie qu'elle ne connaissait pas sa Normandie marine et mouillée, ses ciels en mouvement. Quand elle l'avait vue, en janvier, c'était l'immobilité du froid, le grand ciel blanc qu'elle avait regardé en face, sans ciller, après être entrée dans le restaurant. C'était alors qu'il avait découvert qu'elle avait les yeux blonds. En bonne logique, puisqu'ils reflétaient du ciel, ils auraient dû bleuir ou foncer puisqu'elle était vêtue d'un chandail noir. Il a ajouté qu'ils étaient bien blonds et leur regard traqué, animal.

4

L'expression de la pensée

Exercice 1 (p. 114)
1. ait. — 2. ait. — 3. dois / devras. — 4. vienne.
serait. — 5. soit beaucoup affecté / ait été beaucoup affecté. — 6. cautionnent. — 7. puisse.
— 8. aient. — 9. se soient passées. — 10. sont.
— 11. n'apprend rien. a. — 12. puissiez.
— 13. c'est. — 14. veuille. — 15. ait.

Exercice 2 (pp. 114-115)
1. ... que... puisse... — 2. ... que... soit...
— 3. ... qu'il puisse... — 4. ... qu' ils
puissent... — 5. .. qu'elle vienne... — 6. ... que...
prescrive... — 7. ... de mettre sur pieds... — 8. ...
que j'aille... — 9. ... que... ait... est... — 10. ...
de dévoiler.

Exercice 3 (p. 115)
1. Le locataire ne promet pas que l'appartement ait
été laissé en parfait état. — 2. Je ne pense pas
qu'elle se mette en colère. — 3. L'antiquaire ne se
rend pas compte qu'il a fait une mauvaise affaire.
— 4. Je n'admets pas qu'elle prenne des risques.
(voir le sens du verbe). — 5. Cela ne prouve pas
que l'inculpé soit innocent. — 6. Elle ne se doutait
pas qu'elle avait fait une gaffe. — 7. Je ne crois pas
qu'il soit de bonne foi. — 8. Il est peu
probable / improbable que vous puissiez attraper
votre correspondance à Lyon. — 9. Il n'a pas
affirmé / il a nié que le secret ait été divulgué.
— 10. Je ne crois pas que ce soit son attitude désinvolte qui rebute ses amis.

Exercice 4 (p. 115)
1. Croit-il qu'elle soit à l'origine de cette calom-
nie ? — 2. Affirmez-vous qu'elle en prenne à son
aise ? — 3. Est-elle d'avis qu'il faille tenir parole ?
— 4. Le comptable est-il sûr que son bilan soit correct ? — 5. Prétend-il que nous soyons les seuls à
pouvoir l'aider ? — 6. Soutiens-tu qu'il ait raison ?
— 7. Juge-t-il qu'elle puisse pratiquer ce sport ?
— 8. Me garantissez-vous que ces bottes soient de
bonne qualité ? — 9. Es-tu certain qu'ils aient compris tout ce que j'ai expliqué ? — 10. Etes-vous
sûres qu'ils aient acheté le journal ? — 11. N'est-il
pas hors de doute qu'ils fassent bande à part ?

Exercice 5 (p. 115)
1. Sa mère pense qu'elle n'en fait qu'à sa tête.
— 2. Le directeur de l'agence estime / certifie que
la secrétaire est une personne discrète et efficace.
— 3. Je suis certain qu'il n'est absolument pour
rien dans cette décision. — 4. Avec ces conditions
de circulation, je doute qu'ils puissent arriver à
temps pour la cérémonie. — 5. Il se rend compte
que cette démonstration ne tient pas debout.
— 6. Je comprends / présume que tu seras en
retard comme d'habitude. — 7. Je pense qu'étant
donné la crise économique actuelle, il est difficile
de trouver un emploi. — 8. ... je parie que tu vas
encore dire que c'est ma faute. — 9. On dit que le
président de la République veut procéder à un
remaniement ministériel. — 10. Je doute qu'elle
remette les clés du gardien avant de partir.
— 11. Je ne crois pas qu'ils aient trouvé un appartement tout près de leur travail. — 12. Avec des
traits aussi tirés, je doute qu'elle ait beaucoup
dormi cette nuit.

Exercice 6 (pp. 115-116)
1. Que ce soit un bon médecin, elle en est persua-
dée. — 2. Qu'il soit trop tard pour revenir en
arrière, je le pense. — 3. Que Sophie soit plus
intuitive que sa sœur, il en / c'est certain.
— 4. Que vous ayez pris la meilleure décision,
nous en sommes convaincus. — 5. Que tu ne puisses pas remonter cette entreprise tout seul, je le sou-
tiens. — 6. Que tu ne connaisses pas mon signe du
zodiaque, je le parie. — 7. Que ce soit une mauvaise affaire financière dans ces conditions, le pro-
moteur le prétend. — 8. Que dans dix ans vous
ayez oublié une grande partie de vos connaissances
en français, c'est bien probable. — 9. Que son
camarade ait une grande influence sur lui pour
l'instant, c'est incontestable. — 10. Que ce jeune
député ait devant lui un avenir brillant et plein de
promesses, j'en suis sûr.

Exercice 7 (p. 116)
Les étudiants liront le texte en cherchant les mots
qu'ils ne comprennent pas. Recherche du problème
évoqué dans ce texte par petits groupes, puis débat.

Exercice 8 (p. 117)
Paris, le 15 mars 1985
Bien chers amis,
Nous avons reçu votre lettre et nous vous en remer-
cions vivement.

Nous avons été très touchés par votre aimable invitation, mais *il nous est très difficile* actuellement de vous donner une réponse définitive.

Bien sûr, nous serions ravis de passer quelques jours de vacances avec vous, mais *je doute* que nous puissions réaliser ce projet cette année.

En effet, *il est possible* que Pierre soit obligé de partir quelques jours en Allemagne pour ses affaires début juillet, et *il est fort probable* qu'il ne pourra pas être rentré avant le 15. *Il est encore dans l'incertitude la plus totale* quant à sa date de retour, si bien que *je ne pense pas qu'il soit raisonnable* pour nous de prendre un engagement qui risqu*erait* de compromettre les vacances de tout le monde. Sans ce contretemps *possible*, un rendez-vous comme celui que vous nous proposez, nous *aurait* plu énormément, vous vous en doutez.

Si, par hasard, *Pierre revenait* plus tôt que prévu, *j'essaierais* de vous joindre, mais *rien n'étant moins sûr,* considérez cette possibilité comme très *hypothétique*.

Cependant, je tiens à ce que vous sachiez combien nous souhaitons que ce projet *puisse* se réaliser un jour. Il est *vraisemblable* que l'année prochaine nos vacances tomberont à la même période, et *il est vraiment peu probable* que nous rencontrions à nouveau un tel concours de circonstances fâcheuses. *Il ne semble pas* que cela *puisse* se renouveler deux années de suite !

Nous vous embrassons affectueusement.

Béatrice

Exercice 9 (pp. 117-118)

Exercice à faire faire en groupe dans la classe et qui devrait amener des réponses comme celles-ci :
En mars 1985, 71 % des Français pensaient qu'il fallait lutter en priorité contre le chômage, alors qu'ils n'étaient que 11 % à croire qu'il fallait d'abord lutter contre la violence et la criminalité.

Exercice 11 (pp. 118-119)

MON PÈRE RÉSERVAIT

(...) Mon père *réservait le monopole du talent* aux idoles de sa jeunesse ; *selon lui*, le succès des auteurs étrangers et des auteurs modernes *ne s'expliquait que* par le snobisme. Il *plaçait* Alphonse Daudet *à mille coudées au-dessus* de Dickens ; quand on lui *parlait* du roman russe, il *haussait les épaules*. Un élève du Conservatoire, qui répétait avec lui une pièce de M. Jeannot intitulée Le Retour à la terre, *déclara* un soir *avec impétuosité* :« *Il faut s'incliner très bas* devant Ibsen ! » Mon père *eut un grand rire* : « Eh bien, moi. dit-il, *je ne m'incline pas !* » Anglaises, slaves, nordiques, toutes les œuvres d'outre-frontière lui *semblaient assommantes, fumeuses et puériles*. Quant aux écrivains et aux peintres d'avant-garde, *ils spéculaient cyniquement* sur la bêtise humaine. Mon père *appréciait* le naturel de certains jeunes acteurs : Gaby Morlay, Fresnay, Blanchar — Charles Boyer. Mais *il jugeait oiseuses* les recherches de Copeau, de Dullin, de Jouvet, et il *détestait* les Pitoëff, ces métèques. Il *tenait pour de mauvais* Français les gens qui ne partageaient pas ses opinions. Aussi Jacques esquivait-il les discussions ; volubile, enjôleur, il *badinait* avec mon père, il faisait à ma mère une cour rieuse et prenait bien garde de ne parler de rien. Je le regrettais car lorsque, par hasard, *il se découvrait*, il disait des choses qui m'intriguaient, qui m'intéressaient ; *je ne le trouvais plus du tout prétentieux :* sur le monde, les hommes, la peinture, la littérature, il en savait bien plus long que moi : j'aurais voulu qu'il me fît profiter de son expérience (...)

Simone de Beauvoir
Mémoires d'une jeune fille rangée

Exercice 12 (p. 119)
(fin avril 1891)

Chère Princesse,

Verlaine *me met au désespoir* : il ne fait rien, il promet toujours pour le lendemain et le lendemain pour le jour suivant ! Et le temps passe et *je n'entrevois pas le moindre indice qui puisse me faire espérer* que cela aura une fin. J'ai usé, je vous assure, de tous les moyens ; il n'en est aucun qui ait de l'action sur sa suprême indifférence. Il a pleuré misère, m'assurant qu'un peu d'argent lui mettrait du calme dans le cerveau, je lui en ai donné lui disant que c'était de votre part, *espérant* que cela l'engagerait vis-à-vis de vous ! Et rien ! Rien ne vient. Un jour il m'a dit qu'il avait décidé quel sujet il traiterait. *Vous pensez si j'étais alléché !* Et voilà qu'il s'agissait seulement de reprendre en sous-œuvre la petite pièce « Les uns et les autres » que vous connaissez, et de lui donner un autre dénouement ! *J'avoue que le régal m'a paru mince ! (...) Voulez-vous me dire ce que vous en pensez ? Faut-il tenter l'aventure et ne trouvez-vous pas que voilà déjà trop de temps perdu ?*

Je ne vous cache pas, si pénible que cela *soit* à dire, que cet homme, si extraordinairement doué *me paraît incapable* désormais d'un effort, d'un travail suivi comme le nécessiterait une œuvre un peu considérable. *Peut-être fera-t-il encore quelques courtes petites pièces*, par-ci par-là, des petits riens où il excelle, *il est vrai*, mais qui ne sauraient tenir lieu de ce qui m'est nécessaire, comme esprit et comme proportions ! La conclusion d'un récent article d'Anatole France sur la dernière publication de Verlaine, « Bonheur », un petit volume où l'éditeur a réuni une foule de courtes pièces éparses, *semble* indiquer que le *Verlaine de ces derniers temps n'est que l'Echo affaibli du Verlaine de jadis.*

Encore une fois, chère Princesse, *j'ai bien hésité avant de vous dire* ce que *je crois irrémédiablement vrai. Je n'entrevois pas*, ayant essayé de tous les arguments, quel inconnu déterminant pourrait avoir raison de ce désordre et de cette paresse si tranquillement portés. Rien ne lui est rien, rien de lui fait rien...

(...) Je vous prie, chère Princesse, de me croire toujours votre bien respectueusement dévoué et profondément reconnaissant.

L'expression de la volonté

Exercice 1 (pp. 120-121)

1. personnel et poli mais vigoureux (importance du futur par rapport à un conditionnel). — 2. personnel et poli (le conditionnel atténue le sens plus vigoureux du futur). — 3. vigoureux. — 4. poli. — 5. personnel et familier. — 6. impersonnel. — 7. vigoureux. — 8. méprisant. — 9. impersonnel et vigoureux. — 10. méprisant.

Exercice 2 (p. 121)

1. Le code de la route exige / prévoit... — 2. La règlementation du collège prévoit / précise... — 3. Les manifestants réclament / revendiquent... — 4. ... il faut que / il est important que / il est indispensable que vous sachiez... — 5. L'architecte voudrait bien que... — 6. ... je vous prierai... — 7. ... et a demandé / a exigé... — 8. L'ouvreuse de cinéma demande / exige / veut / aimerait bien que les enfants ne jettent pas leurs papiers de bonbons par terre. — 9. Le médecin a prescrit une échographie. — 10. L'ordonnance ne précise pas / ne dit pas si je dois prendre mon médicament à jeûn ou non.

Exercice 3 (p. 121)

Exercice de créativité à faire faire en petits groupes dans la classe.

Exercice 4 (p. 121)

Exercice de créativité pour amener à l'expression orale.

Exercice 5 (p. 121)

1. Je veux *que tu viennes* tout de suite. — 2. Le contre-maître ordonne que le travail *soit fini* dans la journée. — 3. Le médecin prescrit que le malade *boive* 2 litres d'eau par jour. — 4. Le photographe désire que l'enfant *sourie*. — 5. Le proviseur exige que les élèves *aient* un mot d'excuse de leurs parents pour justifier leurs absences. — 6. Le bibliothécaire *recommande* que chaque lecteur *ait* une fiche avec son nom et son adresse. — 7. Les parents souhaitent que leurs enfants *fassent* de bonnes études. — 8. Le juge entend que les personnes qui viennent assister au procès *soient silencieuses*. — 9. Le surveillant permet que les élèves *aient* une activité sportive. — 10. Le chef d'orchestre demande que tous les instruments *soient accordés* juste avant le concert. — 11. La concierge voudrait que les occupants de l'immeuble *soient* plus aimables avec elle. — 12. Le locataire aurait voulu que le propriétaire lui *fasse* un bail écrit.

Exercice 6 (p. 121)

Ecrire :
Il a écrit à ses parents qu'il allait bien. — Il a écrit à ses parents qu'ils fassent suivre son courrier. — Il a écrit à ses parents que son amie aurait une maladie grave.

Crier :
Il a crié qu'il s'était pincé le doigt. — Il a crié qu'on se mette au garde-à-vous. — Il a crié qu'il y aurait un accident.

Téléphoner :
Il a téléphoné qu'il était en retard. — Il a téléphoné qu'on se mette à table sans l'attendre. — Il a téléphoné qu'il y aurait de nombreuses victimes.

Faire savoir :
Il a fait savoir qu'il avait beaucoup d'argent. — Il a fait savoir qu'on lui vende toutes ses actions. — Il a fait savoir qu'il serait ruiné.

Exercice 7 (p. 122)

Elaboration d'un dialogue entre le psychanalyste et son patient. (A faire en groupe. Ceci peut être suivi d'un travail écrit).

Expression des sentiments

Exercice 1 (p. 127)

1. Je suis heureux que vous ayez pu remonter la pente. — 2. Nous sommes si contents que vous soyez tirés d'affaire. — 3. Elle se réjouissait que son frère ait été reçu à son examen. — 4. Etes-vous content que nous soyons réunis ? — 5. La maîtresse de maison était ravie que sa réception ait été / soit réussie. — 6. Je me félicite que vous fassiez des progrès. — 7. Je suis désolé d'avoir oublié de donner suite à votre circulaire. — 8. Il est furieux qu'on lui ait retiré son permis de conduire. — 9. Nous sommes très surpris que notre demande n'ait pas été prise en considération par vos services. — 10. Elle n'en revenait pas d'avoir gagné au tiercé.

Exercice 2 (p. 127)

1. Il est étrange qu'il ait le bras si long ! — 2. Je suis furieux de m'être cassé le nez chez mes amis hier soir. — 3. C'est absolument incroyable que tu ne voies pas plus loin que le bout de ton nez. — 4. C'est malheureux qu'il mette toujours les pieds dans le plat. — 5. Il est tout à fait regrettable que je ne sache plus sur quel pied danser avec elle. — 6. Je suis désolé qu'elle ait fait un coup de tête. — 7. Il est incroyable qu'elle ait perdu la tête.

— 8. Je suis ravie quelle sache sa leçon par cœur. — 9. Je suis furieux qu'on m'ait payé en monnaie de singe. — 10. Il est scandaleux que son procès ait fini en queue de poisson. — 11. C'est triste que son mari l'ait abandonnée. — 12. Nous sommes contrariés que cet enfant fasse l'école buissonnière. — 13. Il est regrettable qu'il revienne bredouille. — 14. Je suis heureux qu'ils soient bien arrivés.

Exercice 3 (p. 127)
Exercice de créativité à faire faire en groupes.

Exercice 4 (pp. 127-128)
1. Il est désolant qu'il ait commis des malversations. — 2. C'est quelquefois bien gênant de ne pas percevoir les situations. — 3. C'est impensable qu'il puisse être obligé d'agir à son corps défendant. — 4. Il est normal que je sois charmé par sa vivacité et sa pétulance. — 5. C'est inconcevable d'agir avec une telle cruauté. — 6. C'est terrible d'avoir à supporter des affrontements aussi pénibles. — 7. C'est quand même désolant que tu ne saches jamais ce qu'il faut dire. — 8. C'est stupide d'avoir attendu si longtemps avant de consulter un médecin. — 9. C'est triste que nous ne puissions jamais nous retrouver. — 10. C'est absolument anormal que tu ne saches pas où est ton fils à cette heure-ci.

Exercice 5 (p. 128)
1. Il est ravi *que* son fils *ait réussi* le concours... — 2. J'ai été peiné *d'apprendre* la nouvelle de la mort... — 3. Il regrette que la décision *ait été prise* sans qu'on l'ait consulté... — 4. Jacques a été déconcerté *d'apprendre* son éviction... — 5. Il a été surpris *de recevoir* un tel camouflet... — 6. Il a été étonné *que* ses amis *aient pu* avoir des soupçons... — 7. Je suis très content *que* vous *ayez pu* joindre vos condisciples. — 8. Il est regrettable *que* tu ne *donnes* pas la primauté à tes études... — 9. Il est vraiment désespérant *que* sa pusillanimité *soit* un obstacle à son insertion dans la société. — 10. Il est affligeant *de constater* qu'à son âge, il *puisse* encore être annihilé... — 11. Il est tout à fait agaçant *que* tu ne *saches* pas te taire quand tu sens que le moment *est* inopportun. — 12. Il est révoltant *de* te *voir* gaspiller ton temps et ton argent. — 13. Il est navrant *que* tu ne *puisses* pas préparer une Béchamelle sans *faire* des grumeaux. — 14. Je suis navré *que* tes amis *n'aient pas pu* venir avec nous faire cette randonnée. — 15. Je ne me console pas *qu'il* ne m'*ait* pas *fait* signe lors de son passage à Paris.

Exercice 6 (pp. 128-129)
Exercice de créativité à faire faire en petits groupes (ou en devoir à la maison).

Exercice 7 (p. 129)

Bof ! : onomatopée marquant le mépris, le peu d'importance à attacher à une chose.

Plouf ! : onomatopée qui évoque le bruit d'une chute dans l'eau.

Hein ? : interjection familière pour exprimer que l'on a mal entendu quelque chose, que l'on demande de répéter.

Pouah ! : interjection qui exprime le dégoût, le mépris.

Toc ! Toc ! : onomatopée évoquant le coup que l'on donne sur une porte pour demander la permission d'entrer.

Chut ! : onomatopée employée fréquemment pour demander de faire silence.

Pif ! Paf ! : onomatopée exprimant un bruit sec, ou signifiant le bruit de deux gifles.

Pst ! : interjection servant à appeler.

Mince ! : exclamation d'étonnement, de surprise.

Zut ! : exclamation (familière) exprimant le dépit, la colère.

Flûte ! : interjection marquant l'impatience, la déception.

Chic ! : interjection marquant la joie, le plaisir, la satisfaction.

Chouette ! : id. mais plus familier

Hélas ! : interjection de plainte exprimant la douleur ou le regret.

Ouais ! : interjection familière exprimant la surprise. Se dit quelquefois à la place de « oui » pour marquer de l'ironie ou du scepticisme.

Vlan ! : onomatopée imitant un bruit fort et sec, une porte qui claque.

La vache ! : exclamation familière indiquant qu'une personne a été injuste ou méchante. Marque aussi l'étonnement.

Hourra ! : cri d'enthousiasme, d'acclamation.

Pan ! : onomatopée qui exprime un bruit sec, un coup, un éclatement.

Coucou ! : cri des enfants qui jouent à cache-cache.

Ouf ! : exprime le soulagement.

Expression de la comparaison

Exercice 1 (p. 133)

1. meilleure, aussi bonne, moins bonne. — 2. plus que je ne le pensais, autant que je le pensais, moins que je ne le pensais. — 3. plus, autant, moins. — 4. mieux, aussi bien, moins bien. — 5. plus belle, aussi belle, moins belle. — 6. pires (plus mauvaises), aussi mauvaises, moins mauvaises. — 7. plus chaud, aussi chaud, moins chaud. — 8. plus, autant, moins. — 9. plus de peine, autant de peine, moins de peine. — 10. plus charmante, aussi charmante, moins charmante. — 11. plus bête, aussi bête, moins bête.

Remarque : rappeler l'emploi du « ne » explétif aux comparatifs d'infériorité et de supériorité.

Exercice 2 (p. 134)

1. Il fait moins beau à Ajaccio qu'à Lisbonne. — 2. Il fait moins chaud à Strasbourg qu'à Marseille. — 3. La température est plus élevée à Brest qu'à Lille. — 4. C'est Bordeaux qui aura la température la plus élevée aujourd'hui. — 5. Il fait meilleur en Espagne qu'en France. — 6. Il fera plus beau demain à Bordeaux qu'en Sicile. — 7. Il y aura du brouillard demain à New-York, alors qu'il n'y en aura pas à Paris. — 8. C'est Dakar qui bat les records de chaleur. — 9. C'est à Dakar qu'il fait le plus chaud. — 10. Il y a moins de soleil à Lyon qu'à Athènes.

Exercice 3 (p. 134)

1. Ainsi que son professeur l'avait prévu... — 2. Il criait comme si... — 3. ... à faire du sport plus qu'à faire ses études. — 4. ... de même, vous vous enthousiasmez trop facilement. — 5. Le maire d'une grande ville n'est pas aussi connu de ses administrés que celui... — 6. Les travaux de plomberie ont duré plus / moins / longtemps que nous ne l'avions prévu. — 7. Un cadre ancien conviendra mieux à ce pastel qu'un cadre moderne. — 8. Ton foulard vert va moins bien avec ton manteau beige que le bleu. — 9. Ce voyage aux Indes m'a plus appris que tous les livres... — 10. Autant elle se délecte des romans, autant elle déteste les biographies. — 11. Il est d'autant moins riche qu'il ne cherche pas à faire d'économies. — 12. Un papier peint habille mieux une pièce qu'un simple badigeon. — 13. Plus / moins on fait de sports, plus / moins on a envie d'en faire. — 14. L'enfant a besoin de protection autant que la jeune plante d'un tuteur. — 15. Tel père, tel fils.

Exercice 4 (p. 134)

1. Plus on approfondit une étude, plus on découvre ses lacunes. — 2. Ce dépliant touristique ne montre pas le pays tel qu'il est. — 3. Il a d'autant moins envie de faire du ski qu'il est frileux et maladroit. — 4. On a plus de plaisir à donner qu'à recevoir. On a autant de plaisir... — 5. Faites votre travail comme il faut. — 6. Plus on est de fous, plus on rit. — 7. Il est aussi vaniteux que son cousin germain. — 8. Je n'ai jamais autant ri de ma vie que ce soir-là. — 9. Cette soupière ancienne est aussi belle que fragile. — 10. Plus le malade restait couché, plus il perdait ses forces. — 11. Il était découragé car, plus il creusait ses recherches, moins la solution était évidente. — 12. Il aurait fallu plus de soleil / davantage de soleil pour que les raisins puissent mûrir à temps. — 13. La petite fille est arrivée en pleurant comme si elle avait perdu père et mère. — 14. Elle a d'autant plus besoin de soleil et de ciel bleu qu'elle a été habituée au climat méditerranéen toute son enfance. — 15. Tu te comportes comme si tu étais sorti de la cuisse de Jupiter. — 16. Je vous rapporte ces propos tels que je les ai entendus. — 17. Le remède est pire que le mal.

Exercice 5 (pp. 134-135)

Verbes :

Dormir comme un loir. — Manger comme quatre / comme un oiseau. — Arriver comme un chien dans un jeu de quilles. — Pousser comme un champignon (ne s'applique pas aux personnes). — Rire comme un bossu. — Pleurer comme une Madeleine. — Courir comme un dératé (on enlevait autrefois la rate aux chevaux pour les faire courir plus vite). — Nager comme un poisson. — Mentir comme un arracheur de dents. — Boire comme un trou. — Entrer comme dans un moulin. — Se ressembler comme deux gouttes d'eau. — Parler comme un livre.

Adjectifs :

Bavard comme une pie. — Malin comme un singe. — Rusé comme un renard. — Riche comme Crésus (Roi de Lydie qui avait trouvé des paillettes d'or dans le Pactole, rivière qui baignait sa capitale Sardes en Asie Mineure). — Bête comme chou (ne s'applique pas aux personnes). — Têtu comme une bourrique. — Joli comme un cœur. — Connu comme le loup blanc. — Blanc comme un linge. — Sec comme un coup de trique. — Clair comme de l'eau de roche. — Bon comme le bon pain. — Faux comme un jeton. — Heureux comme un poisson dans l'eau ; comme un roi. — Sourd comme un pot. — Fort comme un turc. — Propre comme un sou neuf. — Muet comme une carpe.

On peut à l'occasion de cet exercice trouver d'autres comparaisons synonymes ou s'appliquant à d'autres contextes :

exemple : « bête comme ses pieds »

Exercice 6 (p. 135)

1. Elle a le même caractère / les mêmes réactions que lui. — 2. Nous avons eu le même accident que vous. — 3. Il a eu la même attitude. — 4. J'ai acheté la même pointure. — 5. Ils ont pris le même

moyen de transport. — 6. Il s'est présenté à la même école. — 7. Il a eu la même chance. Il a eu le même avantage. — 8. Je pense la même chose. Je suis du même avis. — 9. C'est le même climat. — 10. Elle a la même gentillesse.

Exercice 7 (p. 135)
1. un échantillon (de tissu). — 2. les baguettes... sont faites dans des moules semblables. — 3. le prototype (d'une voiture). — 4. le patron (d'une robe). — 5. le modèle (d'un vêtement). — 6. l'original (d'un document). — 7. le brouillon (d'une lettre). — 8. l'exemple (d'un exercice). — 9. le specimen (d'un livre). — 10. la maquette (d'un immeuble). — 11. le type (d'un bateau).

Exercice 8 (p. 136)
NORD, PAS-DE-CALAIS : le moins de ; le plus ; le record.
PICARDIE : l'un des parcs les plus...
HAUTE-NORMANDIE : *Palme d'Or* ; le plus élevé.
BASSE-NORMANDIE : l'une des plus...
BRETAGNE : la plus ; le moins.
ILE-DE-FRANCE : le moins de ; la plus forte proportion ; *Record de...*
CHAMPAGNE-ARDENNE : le record de...
LORRAINE : la plus forte chute...
ALSACE : la plus forte proportion...
PAYS DE LA LOIRE : la région la plus possédante, la plus motorisée, l'une des plus faibles...
CENTRE : l'une des régions les plus branchées...
BOURGOGNE : l'une des plus faibles...
FRANCHE-COMTÉ : très forte proportion...
POITOU-CHARENTES : *Le comble de* ; la mieux lotie... ; *numéro un...*
LIMOUSIN : *Championne de...* ; Très faible ; Record pour...
AUVERGNE : le plus vieux.
RHÔNE-ALPES : la plus forte proportion...
AQUITAINE : la seule... où... *se maintient...*
MIDI-PYRÉNÉES : Forte baisse...
LANGUEDOC-ROUSSILLON : L'unique cas où la croissance... *s'accélère...*
PROVENCE-CÔTE D'AZUR : *Le comble* du grégarisme ; *La lanterne rouge...*
CORSE : le moins de... ; *Lanterne rouge.*
Remarque : les expressions non grammaticales exprimant un superlatif sont en italique.

Texte 9 (p. 137)
Les thèmes de comparaison porteront sur les deux parties du texte bien différenciées.

Texte 10 (pp. 137-138)
LA HAIE D'AUBÉPINES DE COMBRAY
« ... Il me fallut rejoindre en courant mon père et mon grand-père qui m'appelaient, étonnés que je ne les eusse pas suivis dans le petit chemin qui monte vers les champs et où ils s'étaient engagés. Je le trouvai tout bourdonnant de l'odeur des aubépines.

La haie formait *comme une suite de chapelles* qui disparaissaient sous la jonchée de fleurs amoncelées en reposoir ; au-dessous d'elles, le soleil posait à terre un quadrillage de clarté, *comme s'il venait de traverser une verrière* ; leur parfum s'étendait, *aussi onctueux, aussi délimité en sa forme que si j'eusse été devant l'autel de la Vierge*, et les fleurs, aussi parées, tenaient chacune d'un air distrait son étincelant bouquet d'étamines...
(...) Mais j'avais beau rester devant les aubépines à respirer, à porter devant ma pensée qui ne savait ce qu'elle devait en faire, à perdre, à retrouver leur invisible et fixe odeur, à m'unir au rythme qui jetait leurs fleurs ici et là avec une allégresse juvénile et à des intervalles inattendus *comme certains intervalles musicaux*, elles m'offraient indéfiniment *le même charme* avec une profusion inépuisable, mais sans me laisser approfondir davantage, *comme ces mélodies* qu'on rejoue cent fois de suite sans descendre plus avant dans leur secret. Je me détournais d'elles un moment, pour les aborder ensuite avec des forces *plus fraîches*. Je poursuivais jusque sur le talus qui, derrière la haie, montait en pente raide vers les champs, quelque coquelicot perdu, quelques bluets restés paresseusement en arrière, qui le décoraient çà et là de fleurs *comme la bordure d'une tapisserie* où apparaît clairsemé le motif agreste qui triomphera sur le panneau ; rares encore, espacés *comme les maisons isolées* qui annoncent déjà l'approche d'un village, ils m'annonçaient l'immense étendue où *déferlent* les blés, où *moutonnent* les nuages, et la vue d'un seul coquelicot *hissant au* bout de son cordage et faisant *cingler* au vent sa flamme rouge, au-dessus de sa bouée graisseuse et noire, me faisait battre le cœur, *comme au voyageur* qui aperçoit sur une terre basse une première barque échouée (...) et s'écrie, avant l'avoir vue : « La Mer ! »

Faire distinguer aux étudiants la comparaison purement grammaticale des comparaisons ou métaphores, figures de style.

L'expression de la cause

Exercice 1 (pp. 140-141)
Plusieurs solutions sont possibles. Nous en proposons une.
1. Puisque / Comme tu n'es pas raisonnable... — 2. Etant donné que le bébé avait une grosse fièvre... — 3. Comme il pleut sans cesse... — 4. J'aime bien ce pays puisque j'y suis né. — 5. Etant donné que l'atmosphère était houleuse... — 6. J'arrive en retard ; ce n'est pas que j'aie oublié... — 7. Puisque vous refusez de m'aider... — 8. Ils ne sont pas venus, soit qu'ils n'aient pas reçu notre lettre, soit qu'ils aient eu un contre-temps. — 9. Il n'a pas rendu sa dissertation sous prétexte que... — 10. Comme / Puisqu'il neige sans cesse et que...

Exercice 2 (p. 141)

1. Le malade traversa sa chambre en titubant parce qu'il était très affaibli par le traitement. — 2. Je vous connais bien puisque je suis votre cousin. — 3. Les propriétaires étant absents depuis plusieurs jours, le vol fut aisé. — 4. Vous ne ferez pas cela parce que vous en auriez honte. — 5. Rien ne lui plaît car il est difficile. — 6. Comme il avait été convoqué par les experts, il s'est rendu sur les lieux. — 7. Etant donné qu'elle aime les animaux, elle a adopté un chat. — 8. Grâce à l'entraînement intensif qu'il avait suivi, le coureur a gagné le maillot jaune. — 9. Je n'ai pas réussi mon gâteau non que j'aie oublié un ingrédient, mais mon four ne marchait pas. — 10. Vu que / attendu que nous ne possédons pas tous les éléments nécessaires et qu'une preuve importante manque, le jugement est reporté à huitaine.

Exercice 3 (p. 141)

1. Parce qu'il est maladroit... — 2. A cause de son extinction de voix... — 3. Parce que son infirmière a été gentille... — 4. Comme il fait un temps humide... — 5. Parce qu'il a manqué / n'a pas reçu... — 6. Vu la fin de la mode... — 7. Grâce à une longue cuisson avec des herbes aromatiques... — 8. Sous le prétexte du retard de sa montre... — 9. Parce qu'il est très patient... — 10. En raison de son ignorance totale de la langue chinoise... — 11. En vue du passage / de la visite de l'inspecteur... — 12. Parce que le directeur a changé... — 13. Compte tenu du jeune âge du prévenu... — 14. Parce que c'est le jour de l'inventaire...

Exercice 4 (p. 141)

1. Si le boulanger a dû fermer sa boutique, ce n'est pas que son pain ait été plus mauvais que celui d'un autre, mais parce qu'il n'était pas aimable avec la clientèle. — 2. Je ne veux pas te prêter de l'argent, non que je n'aie pas confiance en toi, mais je crois que tu ne pourras jamais me le rendre. — 3. Si le train est arrivé en retard, ce n'est pas parce qu'il n'était pas parti à l'heure, mais il y a eu un arrêt inattendu en pleine campagne pendant longtemps. — 4. Michel ne regarde pas les matchs à la télévision non qu'il ne soit pas sportif, mais il a l'impression d'être trop passif. — 5. Je n'ai pas encore répondu à ta lettre, non pas que je n'aie pas été heureux de la recevoir, mais seulement parce que j'ai été submergé de travail et que je n'ai pas encore trouvé le temps de le faire. — 6. Ils ne partent pas en vacances, non qu'ils ne veuillent pas se reposer, mais ils veulent profiter de ce temps libre pour repeindre leur appartement. — 7. Ce n'est pas que j'aie voulu me mettre en avant, mais j'ai cru bien faire d'intervenir à la réunion... — 8. Je vous dis carrément ce qui ne va pas, non que je veuille vous faire de la peine, mais cela vous permettra de mieux vous organiser dans l'avenir. — 9. (phrases libres). Il n'a pas voulu la revoir, ce n'est pas qu'elle ne lui ait pas donné son adresse, mais elle était déjà mariée. — 10. Je n'ai pas pris un compte bancaire, ce n'est pas que je n'aime pas le Crédit Lyonnais, mais je préfère les CCP. — 11. et 12. phrases libres.

Exercice 5 (pp. 141-142)

1. Il a été d'autant plus humilié que la réflexion désobligeante est venue de son petit frère. — 2. Je suis d'autant moins concerné que je n'ai jamais mis les pieds dans cet organisme et que je me sens en dehors de tout cela. — 3. Elle a été d'autant plus furieuse de trouver toute la vaisselle sale sur l'évier en rentrant, qu'elle avait compté sur sa fille pour ranger la cuisine. — 4. Il a été d'autant plus déçu de rater son examen, qu'il était absolument persuadé d'avoir tout réussi. — 5. J'ai d'autant moins envie de sortir qu'il pleut et que j'ai oublié mon parapluie au bureau. — 6. Il a été d'autant plus ennuyé que son téléphone soit en dérangement ce jour-là, qu'il attendait une communication importante. — 7. Il a fait d'autant moins d'efforts pour apprendre le français, qu'il n'était pas motivé et qu'il avait d'autres chats à fouetter. — 8. Elle a été d'autant plus arrogante, que ses amies le lui avaient conseillé. — 9. Elle s'est astreinte à un régime d'autant plus sévère qu'elle voulait maigrir. — 10. Elle est d'autant moins gentille avec son père, qu'il ne s'intéresse à elle que très rarement.

Exercice 6 (p. 142)

1. Je lui pardonne en raison de son état de santé. — 2. Je ne te raconte pas ce film puisque tu vas aller le voir. — 3. Comme vous vous êtes adressé à quelqu'un qui n'y connaissait rien, vous avez été induit en erreur. — 4. Ne lui donne pas ton numéro de téléphone, ce n'est pas que ce soit forcément un bandit, mais on ne le connaît absolument pas. — 5. Je ne t'ai pas répondu pour la bonne raison que ta lettre s'est égarée. — 6. Il a réussi à réparer la pendule grâce à sa patience et à sa connaissance du métier. — 7. A force de le critiquer, tu vas lui enlever toute confiance en lui. — 8. Il ferma les volets car il faisait nuit. — 9. Etant donné que tu dois partir de bonne heure, commence à mettre la table. — 10. Faute de temps, il n'est pas allé au bout de ses recherches.

Exercice 7 (p. 142)

1. ... parce que mon réveil n'a pas sonné. — 2. Puisque tu es si intelligent, explique-lui ton problème. — 3. Ferme la fenêtre car / parce qu'il y a du courant d'air. — 4. D'accord, j'irai te chercher cette nuit à la gare, mais c'est bien parce que c'est toi. — 5. Comme je pars une semaine plus tôt que prévu, je viens vous faire mes adieux. — 6. Puisque vous avez tant de migraines, allez voir un spécialiste. — 7. Je ne te réponds pas parce que, pour l'instant, je suis incapable de trouver une solution à ton problème. — 8. Puisque vous êtes satisfait de votre situation, je ne vois pas pourquoi vous en

changeriez. — 9. Si elle ne t'est pas venue en aide, c'est (parce) qu' elle ne pouvait pas faire autrement. — 10. Sa lâcheté, puisqu'il faut bien l'appeler ainsi, a eu pour lui des effets désastreux. — 11. Malgré les lois sociales, les chômeurs se plaignent car tous ne touchent pas une indemnité de chômage / en effet, tous ne touchent pas... (car + en effet est impossible : cela ajouterait une idée de redondance). — 12. ... puisque je t'ai dit non, c'est non. — 13. ... parce qu'on aurait pu aller au cinéma. — 14. Comme il est parti sans laisser d'adresse, ma lettre m'est revenue. — 15. Mais enfin, pourquoi tu ne veux pas que je sorte ? — Parce que. (« Parce que » employé ainsi tout seul marque le refus catégorique de donner une explication). — 16. Il s'accouda au fauteuil car il se sentait las. — 17. Ils sont revenus puisque le portail est ouvert ! — 18. Si j'insiste sur ce détail, c'est (parce) qu'il est très important.

Exercice 8   (p. 142)

1. Sa mauvaise humeur *est causée* par une déficience de la vésicule biliaire. — 2. Picasso *s'est inspiré* du bombardement de Guernica pour peindre une de ses plus célèbres toiles. — 3. Le vol des tableaux *est imputé* à une bande d'escrocs internationaux. — 4. Beaucoup de troubles cardiaques *sont causés* par les rhumatismes articulaires. — 5. Bien des maladies endémiques *proviennent* de sous-alimentation. — 6. Une grande partie des termes médicaux et pharmaceutiques *tirent leur origine / proviennent / dérivent* du latin ou du grec. — 7. Tous mes ennuis de santé *proviennent* d'une carence en vitamine D. — 8. Le bonheur *tient* à si peu de choses. — 9. Beaucoup de mouvements gauchistes *dérivent / proviennent / procèdent / s'inspirent / découlent* d'interprétations différentes du marxisme. — 10. Pourquoi le *tenez-vous* pour responsable de la « pagaille » qui règne dans le service ? — 11. Les applications de la radio-activité *découlent* des travaux de Pierre et Marie Curie.

Exercice 9   (pp. 142-143)

1. Avez-vous trouvé *le mobile* du crime ?... — 2. Quelle est *la raison* de votre voyage ? — 3. Il lui fait la cour pour le bon *motif* (en vue du mariage). — 4. Les écoliers demandaient sans cesse *le pourquoi* de toutes choses et l'institutrice était à court d'explications. — 5. Il arrive que la psychanalyse éclaire *la motivation* de notre comportement. — 6. Cette invitation est une corvée. Quel *prétexte* pourrions-nous trouver pour y échapper ? — 7. Moi je donnerai pour *raison* mon examen, et toi quel *motif* fourniras-tu ? — 8. *La source* de tous vos maux réside dans votre ambition. — 9. L'arrivée de la jeune femme fut *un ferment* de discorde dans le ménage. — 10. Quel est *le motif* de votre mécontentement ? — 11. Je ne pense pas que vous ayez de *sujet* de vous plaindre de votre sort. — 12. Croyez-vous que l'attentat de Sarajevo (en Yougoslavie où le 28 juin 1914 fut assassiné l'archiduc François-Ferdinand d'Autriche, incident qui déclencha la guerre) ait été *l'origine / la raison* de la Première Guerre mondiale ? Ce fut plutôt la goutte d'eau qui fit déborder le vase. — 13. La pendaison de la crémaillère a son *origine* dans une vieille coutume française ; de même la cueillette du gui tire sa *source* des rites druidiques. — 14. *La cause apparente* de son installation à Paris a été un désir de promotion sociale, mais *la cause réelle* était de rompre avec ses attaches familiales.

Exercice 10

Exercice de créativité.

Exercice 11   (p. 143)

Les expressions qui marquent la cause sont en italique.

M. Jacques Blanc
14, rue de la Chaussée-d'Antin.
75009 Paris

Monsieur le Percepteur
des Impôts du IXe arrondissement.

Monsieur le Percepteur,
    Pour avoir payé mes impôts avec un mois de retard, j'ai été pénalisé assez sérieusement *puisque* l'on me demande maintenant une somme correspondant à 10 % supplémentaires de la somme exigée.
    Ce n'est pas que je refuse de reconnaître mes torts, *mais* je vous fais remarquer, Monsieur le Percepteur, que *si* je n'ai pas payé mes impôts dans les délais requis, *c'est parce que* je ne disposais pas de la somme nécessaire. *Ce n'était ni* par négligence, *ni* par désir de frauder : je n'avais pas d'argent *n'ayant* pu toucher en temps voulu une somme que j'attendais et *ayant* entre temps perdu mon emploi.
    Aussi, *vu* mon cas (*car* je me considère comme victime d'une injustice), je vous prierais, Monsieur le Percepteur, de bien vouloir examiner ma demande d'exonération de majoration. *Etant donné* les circonstances particulières que je vous ai exposées, j'espère que vous y serez favorable.
    Je vous remercie à l'avance et vous prie de croire, Monsieur le Percepteur, à mes sentiments distingués.

Exercice 12 et 13   (pp. 143-144)

Exercices de créativité à faire faire en classe en petits groupes.
Les dialogues obtenus dans l'exercice 13 devront être mimés, un coin de la classe étant aménagé comme une scène de théâtre.

Exercice 14   (p. 145)

Les expressions de la cause en italique.
Les expressions de la conséquence sont marquées d'une astérisque.

Cher ami du G.L.M.,

Entre amis, on échange des impressions, des idées... et aussi de bonnes adresses.
Le Grand Livre du Mois est une bonne adresse.
* Aussi, faites-la connaître autour de vous.
Car, comme vous, vos amis aiment sans doute lire.
Comme vous, ils aiment faire des économies.
Et comme vous, ils apprécient les cadeaux.
* C'est pourquoi l'offre de parrainage que nous vous proposons aujourd'hui va faire plaisir à tous :
• A vous, *puisqu'elle* va vous rapporter un « chèque-parrainage » de 150 F à valoir sur vos prochains achats au Club.
• A votre filleul, *puisqu'elle* va lui permettre de bénéficier, lui aussi, d'un « chèque-bienvenue » de 150 F — et de tous les grands avantages du Club.
Vraiment, il n'a jamais été plus facile de gagner 150 F. Dépêchez-vous d'essayer.
Bien sincèrement.

L'expression de la conséquence

Exercice 1   (p. 149)

1. Elle a mis des oignons de tulipes dans son jardin *si bien* qu'il sera tout fleuri au printemps. — 2. Il n'a pas la télévision *de sorte qu'*il n'est jamais au courant des événements du monde. — 3. Tu bois trop de café *si bien que* tu ne dormiras pas cette nuit. — 4. Odile est *si* réservée *qu'*on ne s'aperçoit jamais de sa présence. — 5. La façade de la maison est *trop* vétuste *pour qu'*on tire un bon prix d'une vente éventuelle. — 6. Il a laissé son livre dans le jardin pendant la nuit *de sorte que* la couverture en est toute abîmée. — 7. Ta robe est *tellement* froissée *que* tu es obligée de la repasser pour sortir. — 8. Le chemin était plein d'ornières, *tant et si bien* que la voiture ne pouvait plus avancer. — 9. Tes affaires sont en désordre *à tel point* que tu ne retrouves plus rien. — 10. Monique parle trop *si bien que* personne ne lui dit jamais rien. — 11. Sa montre ne marche plus, *c'est pourquoi* elle a dû la faire réparer. — 12. Elle avait mis un chapeau *assez* ridicule *pour* faire sourire tout le monde. — 13. Tu n'es pas assez couvert *de sorte que* tu auras mal à la gorge demain. — 14. Cette plante est *trop* fragile *pour* passer l'hiver sur le balcon (*pour que* tu ne la rentres pas l'hiver).

Exercice 2   (p. 150)

1. L'automobiliste est passé au feu rouge : *en conséquence* il a eu une contravention. — 2. Le réveil n'a pas sonné ; *aussi* ne me suis-je pas réveillé. — 3. La neige était *trop* poudreuse *pour* que les skis puissent glisser. — 4. Elle n'a pas su tenir sa langue ; *alors* tout le monde a été au courant. — 5. Les artichauts étaient trop chers *de sorte que* je n'ai pas pu en acheter. — 6. Son compte bancaire n'était plus alimenté ; *par conséquent* elle a fait des chèques sans provision. — 7. Il n'avait pas réparé les freins de sa bicyclette, *c'est pourquoi* il a eu un accident. — 8. Les rivières sont polluées *à tel point qu'*on y trouve des poissons morts. — 9. Elle bégaye *tellement qu'*on ne comprend pas toujours ce qu'elle dit. — 10. La mer est *si* mauvaise *que* tous les passagers ont le mal de mer. — 11. Il est toujours dans les nuages *si bien qu'*il n'est jamais au courant de rien. — 12. Il n'a qu'une parole, *donc* il ne reviendra pas sur ce qui a été dit. — 13. Il est *assez* en pays de connaissance *pour* se sentir bien à son aise. — 14. Il a relu le texte *de telle manière qu'*il a saisi la nuance de chaque mot.

Exercice 3   (p. 150)

1. Il est fatigué, *c'est pourquoi* il est resté au lit. — 2. L'enfant faisait *tellement* de fausses notes *que* le voisin en était excédé. — 3. Il s'enfermait dans son chagrin *à un point tel qu'*il restait des heures sans parler. — 4. Il avait *si* peu d'entraînement *qu'*au bout de quelques heures de marche, il était fourbu. — 5. Elle a le visage *tellement* renfrogné *qu'*elle a l'air d'avoir dix ans de plus que son âge. — 6. C'est une tête de linotte, *par conséquent* on ne peut rien lui confier. — 7. Il ment sans vergogne : *dès lors* on ne le croit plus. — 8. C'est un enfant *tellement* espiègle *qu'*avec lui on peut s'attendre à n'importe quelle facétie. — 9. La luminosité était forte ; *en conséquence* la photo a été surexposée. — 10. Il n'avait pas assez appris le code de la route *si bien qu'*il a eu son permis de justesse.

Exercice 4   (p. 150)

1. Il avait *tant* d'argent *qu'*il a cru qu'il pouvait le dilapider. — 2. Il faisait si froid *que* nous avions l'onglée malgré nos gants. — 3. Il s'est *tellement* fatigué à construire sa maison lui-même *qu'*il est tombé malade peu de temps après. — 4. Elle a *tellement bien* caché ses bijoux *qu'*elle ne les retrouve plus. — 5. Il a crié *si* fort *qu'*il a terrorisé ses enfants *et que* le chien est allé se coucher sous l'armoire. — 6. La grève a été dure *au point de* paralyser tout le pays. La grève a été *tellement* dure *qu'*elle a paralysé tout le pays. — 7. Le racisme existe encore *au point qu'*il crée quelquefois des relations exacerbées entre les gens, dans le métro par exemple. — 8. Il a été si humilié devant ses camarades *qu'*il en garde encore un souvenir cuisant. — 9. Elle a eu *tant de* revers dans son existence *qu'*elle a perdu toute joie de vivre. — 10. Le lac est *tellement* gelé *qu'*on peut patiner dessus / le lac est *assez* gelé *pour qu'*on puisse patiner dessus.

Exercice 5 (p. 150)

1. retentissement. — 2. retentissement / rejaillissement. — 3. effets. — 4. suites, séquelles. — 5. ricochet. — 6. déductions ; corollaires. — 7. impact. — 8. fruit. — 9. conséquence. — 10. contre-coup. — 11. réaction.

Exercice 6 (p. 151)

1. l'issue. — 2. la portée. — 3. la retombée. — 4. répercussions. — 5. les tenants et les aboutissants. — 6. le produit. — 7. le résultat. — 8. l'aboutissement. — 9. la résultante. — 10. les séquelles / les suites. — 11. lendemains. — 12. les conséquences. — 13. une incidence. — 14. un retentissement / un rejaillissement.

Exercice 7 (p. 151)

1. Son intervention *a entraîné* / *a déclenché* les applaudissements de la foule. — 2. Le comique de sa remarque *a déclenché* / *a provoqué* les rires de l'auditoire. — 3. Son comportement bizarre *a éveillé* les soupçons de ses voisins. — 4. Son héritage récent *a provoqué* / *déclenché* la jalousie de son entourage. — 5. Ses échecs successifs *ont occasionné* / *ont amené* / *ont provoqué* une révision / une remise en question de ses conceptions. — 6. L'originalité de son film *a suscité* l'unanimité des éloges. — 7. Ses nombreux et successifs cambriolages *ont déterminé* l'installation d'un système d'alarme dissuasif. — 9. La qualité de ses propositions *a soulevé* / *a suscité* l'enthousiasme. — 10. Le froid exceptionnel de cette année *a provoqué* des dégâts incalculables.

Exercice 8 (p. 151)

1. *La conséquence :* Elle avait une telle migraine qu'elle a demandé qu'on baisse le son du poste de radio. *La cause :* Elle a demandé qu'on baisse le son de la radio parce qu'elle avait la migraine. — 2. *La conséquence :* Il y a eu des giboulées, du soleil et de la pluie, si bien que les pelouses ont reverdi en deux jours. *La cause :* Les pelouses ont reverdi en deux jours parce qu'il y a eu des giboulées, du soleil et de la pluie. — 3. *La conséquence :* Ce pâtissier vend ses gâteaux trop cher pour que je retourne chez lui. *La cause :* Je ne retourne plus chez ce pâtissier ; en effet il vend ses gâteaux trop cher. — 4. *La conséquence :* Un poste était vacant ; en conséquence il a présenté sa candidature. *La cause :* Un poste était vacant, il a présenté sa candidature. — 5. *La conséquence :* Il raconte toujours des anecdotes amusantes, si bien qu'on aime bavarder avec lui. *La cause :* Comme il raconte toujours des anecdotes amusantes, on aime bavarder avec lui. — 6. *La conséquence :* Elle a dépensé tout son argent en futilités, tant et si bien qu'elle ne peut plus payer son loyer. *La cause :* Elle ne peut plus payer son loyer parce qu'elle a dépensé tout son argent en futilités. — 7. *La conséquence :* Il est perclus de rhumatismes au point de prendre chaque jour des analgésiques. *La cause :* Etant donné qu'il est perclus de rhumatismes, il prend chaque jour des analgésiques. — 8. *La conséquence :* Il est tellement avare qu'il ne veut pas profiter des avantages de la vie. *La cause :* Parce qu'il est avare, il ne veut pas profiter des avantages de la vie. — 9. *La conséquence :* Elle ne sait pas danser si bien qu'elle reste toujours dans son coin. Elle reste toujours dans son coin si bien qu'elle ne sait pas danser. *La cause :* C'est parce qu'elle ne sait pas danser qu'elle reste toujours dans son coin. — 10. *La conséquence :* Il est impulsif si bien qu'il ne fait que des bêtises. *La cause :* S'il ne fait que des bêtises, c'est qu'il est impulsif.

Exercice 9 (p. 151)

1. Il suffit d'un coup de chiffon avec LUXOR pour avoir des chaussures super-brillantes. — 2. Quelques gouttes d'huile d'olive pour avoir du soleil dans votre salade. — 3. Seulement une pincée de sel et un décilitre de lait, et vous avez une purée onctueuse. — 4. Il faut seulement porter à ébullition le contenu de cette boîte pour avoir une soupe de poissons comme sur le Vieux-Port à Marseille. — 5. Il n'est pas besoin de sortir de Polytechnique pour pouvoir s'instruire en lisant la nouvelle Encyclopédie COSINUS. — 6. Il est urgent de changer vos lunettes pour voir la vie en rose. — 7. Un peu de persévérance et vous pourrez acquérir une mémoire étonnante. — 8. Il ne faut pas plus de trois minutes pour préparer un délicieux gâteau d'anniversaire, si vous utilisez les nouveaux sachets ultra-rapides LUCULLUS.

Exercice 10 (pp. 151-152)

1. Tu as voulu avoir une mobylette plus rapide, tu as eu un accident. — 2. Tu as voulu n'en faire qu'à ta tête, tu en payes maintenant les conséquences. — 3. Tu n'as pas débranché le fer électrique en partant, tu as brûlé la toile de la planche à repasser. — 4. Cette année le 1er mai tombe un dimanche, cela fait un jour de congé en moins. — 5. Les partis politiques tirent tous la couverture à eux, les électeurs en sont écœurés. — 6. Il est débrouillard, il saura réparer la télévision. — 7. La SNCF sera en grève jeudi, une fois de plus ce seront les utilisateurs qui auront à en supporter les conséquences. — 8. Tu as jeté tes mégots sur le tapis, évidemment tu as fait des trous. — 9. Il dit n'importe quoi à n'importe qui, il s'étonne de se faire des ennemis. — 10. Il a un caractère épouvantable, personne ne peut plus le supporter.

Exercice 11 (p. 152)

Exercice de créativité à faire faire en petits groupes en classe.

Exercice 12 (p. 152)

a) 1. La voiture est arrivée sur la droite, elle a heurté la porte arrière. — 2. Le conducteur était distrait, il ne l'a pas vue. — 3. Il était en train de gronder sa petite fille si bien qu'il s'était retourné. — 4. Il avait la tête tournée en arrière de telle sorte qu'il n'a pas fait attention. — 5. Il était tellement énervé qu'il ne se concentrait plus. — 6. Il n'a pas vu arriver la voiture, c'est pourquoi il a continué à avancer, etc.

b) 1. Il y a eu une vague de froid, les légumes sont à un prix exhorbitant. — 2. Tout a gelé si bien qu'il n'y a plus de salades ni de poireaux. — 3. Les camions n'ont pas pu circuler pendant plusieurs jours et maintenant les stocks sont épuisés. — 4. Les routes étaient enneigées et après il y a eu les barrières de dégel. — 5. Il faut attendre les tomates d'Espagne, et les oranges du Maroc pour avoir des fruits et des légumes frais ; il faut attendre encore un bon mois pour avoir des agrumes, etc.

c) 1. Vous ne voulez pas vous taire quand j'explique quelque chose. Comme vous voulez : vous apprendrez cette leçon, seuls, dans votre livre. — 2. Vous ne voulez pas l'apprendre ? C'est vous qui passez l'examen, ce n'est pas moi. — 4. Vous vous imaginez que je vais accepter une deuxième fois une séance comme celle-là ? Vous aurez une interrogation écrite demain, etc.

Texte 13   (pp. 152-153)
L'ARRIVÉE DE JULIEN SOREL

« Avec la vivacité et la grâce qui lui étaient naturelles, madame de Rénal sortait par la porte-fenêtre du salon qui donnait sur le jardin, quand elle aperçut près de la porte d'entrée la figure d'un jeune paysan presque encore enfant, extrêmement pâle et qui venait de pleurer…

Le teint de ce petit paysan était *si* blanc, ses yeux *si* doux, *que l'esprit un peu romanesque de madame de Rénal eut d'abord l'idée que ce pouvait être une jeune fille déguisée* qui venait demander quelque grâce à M. le maire. Elle eut pitié de cette pauvre créature, arrêtée à la porte d'entrée, et qui évidemment n'osait pas lever la main jusqu'à la sonnette. Madame de Rénal s'approcha, distraite un instant de l'amer chagrin que lui donnait l'arrivée du précepteur. Julien, tourné vers la porte, ne la voyait pas s'avancer. Il tressaillit, quand une voix douce dit tout près de son oreille :

« Que voulez-vous, ici, mon enfant ? »

Julien se tourna vivement et, frappé du regard *si rempli de grâce de madame de Rénal, il oublia… ce qu'il venait de faire.* Madame de Rénal avait répété sa question.

« Je viens pour être précepteur, madame », lui dit-il, tout honteux de ses larmes qu'il essuyait de son mieux.

Madame de Rénal resta interdite, ils étaient fort près l'un de l'autre à se regarder. Julien n'avait jamais vu un être aussi bien vêtu lui parler d'un air doux. Madame de Rénal regardait les grosses larmes qui s'étaient arrêtées sur les joues si pâles d'abord et maintenant si roses de ce jeune paysan. Bientôt elle se mit à rire, avec toute la gaieté folle d'une jeune fille, elle se moquait d'elle-même, et ne pouvait se figurer tout son bonheur. Quoi, c'était là ce précepteur qu'elle s'était figuré comme un prêtre sale et mal vêtu, qui viendrait gronder et fouetter ses enfants !

« Quoi, monsieur, lui dit-elle enfin, vous savez le latin ? »

Ce mot de monsieur étonna *si* fort Julien *qu'il réfléchit un instant.*

« Oui madame », dit-il timidement.

Madame de Rénal était *si* heureuse *qu'elle osa dire à Julien :*

« Vous ne gronderez pas trop ces pauvres enfants ?

« Moi, les gronder, dit Julien étonné, et pourquoi ?

— N'est-ce pas, monsieur, ajouta-t-elle après un petit silence et d'une voix dont chaque instant augmentait l'émotion, vous serez bon pour eux, vous me le promettez ? »

S'entendre appeler de nouveau monsieur, bien sérieusement et par une dame si bien vêtue, était au-dessus de toutes les prévisions de Julien… Madame de Rénal de son côté, à sa grande joie, trouvait l'air timide d'une jeune fille à ce fatal précepteur dont elle avait tant redouté pour ses enfants la dureté et l'air rébarbatif. Pour l'âme si paisible de madame de Rénal, *le contraste de ses craintes et de ce qu'elle voyait fut un grand événement.* Enfin elle revint de sa surprise.

« Entrons, monsieur », lui dit-elle…

Texte 14   (pp. 153-154)
LETTRE DE GEORGE SAND
APRÈS LA MORT DU PEINTRE EUGÈNE DELACROIX

Nohant, 18 août 1863

« Oui, j'ai le cœur navré. J'ai reçu de lui le mois dernier une lettre où il me disait qu'il prenait part à notre joie d'avoir un enfant, et où il me parlait '' d'un mieux sensible '' dans son état. J'étais *si habituée à le voir malade que je ne m'en alarmais pas plus que de coutume.* Pourtant sa belle écriture ferme était bien altérée. Mais je l'avais déjà vu ainsi plusieurs fois. Mon brave ami Dessauer était près de nous quelques jours plus tard. Il l'avait vu. Il l'avait trouvé livide, mais *pas tellement faible qu'il ne lui eût parlé longtemps de moi et de nos vieux souvenirs avec effusion.* J'ai appris sa mort par le journal ! C'est en pélerinage que je faisais avec ma famille et avant tout, chaque fois que j'allais à Paris. Je ne voulais pas qu'il fût obligé de courir après moi qui ai toujours beaucoup de courses à faire. Je le surprenais dans son atelier. « Monsieur n'y est pas ! » — Mais il entendait ma voix et accourait en disant : « Si fait, si fait, j'y suis ». Je le trouvais, quelque temps qu'il fît, dans une atmosphère de chaleur tropicale et enveloppé de laine rouge jusqu'au nez, mais toujours la palette à la main, en face de quelque toile gigantesque ; et après m'avoir raconté sa dernière maladie d'une voix mourante, il s'animait, causait, jetait son cache-nez, redevenait jeune et pétillant de gaîté et ne voulait plus nous laisser partir. Il fouillait toutes ses toiles et me forçait d'emporter quelque pochade admirable d'inspiration. La dernière fois l'année dernière (quand je vous ai vu), j'ai été chez lui avec mon fils et Alexandre Dumas fils, de là, nous avons été à Saint-Sulpice et puis nous sommes retournés lui dire que c'était sublime, *et cela lui a fait plaisir.* C'est que c'est sublime en effet, les défauts n'y font rien...

(...) Vous êtes aimable de me parler de lui, et vous partagez mes regrets comme vous partagez mon admiration... Mon fils, qui a été son élève et un peu son enfant gâté, est bien affecté...

George Sand

Texte 15 (p. 154)

COMMENT UN ÉTUDIANT DES BEAUX-ARTS
PEUT GAGNER DE L'ARGENT

Les conséquences de la débrouillardise
« ... Paris est plein de ressources. Par exemple les vitrines des restaurants quand approche Noël. Tu t'amènes avec ton fourbi, essentiellement des pots de gouache et un pinceau, *tu proposes au patron de lui décorer sa vitrine pour les réveillons.* En général, ça marche, suffit d'arriver le premier. Tu lui montres un petit projet sur le papier, *le gars est ébloui.* Dès que tu peux dessiner un bonhomme où on reconnait un bonhomme, *les gens crient au miracle.* Le dessin a quelque chose de magique. Ils n'en reviennent pas qu'on puisse faire ça avec un bout de crayon tenu entre deux doigts. Si tu y mets de la couleur, *alors là, ils se prosternent, le nez dans la poussière.* Tu fais ton prix, et vas-y. En deux heures de temps, *tu gagnes ta journée.* Des pères-Noël, des sapins, du houx, de la neige, des clowns, des mirlitons...

(...) Et les Salons ! Salon de l'Enfance, Salon des Arts ménagers, Salon de tout ce que tu voudras... Providence des barbouilleurs, incroyable, le nombre de petits industriels qui se louent un stand, très cher, dans un Salon, et qui s'aperçoivent juste avant l'inauguration qu'ils n'ont pas prévu la décoration, qu'ils ne savent pas à qui s'adresser, et que de toute façon tous les professionnels sont déjà mobilisés par ce, précisément, Salon. C'est là que tu entres en scène.

Tu repères le malheureux désemparé devant son bout de stand tout nu, tu lui proposes de te charger de ses ennuis, tu es du métier, tu vas lui tortiller une petite chose ravissante, en technicolor, son et lumière, le clou du Salon pour le prix d'un cochon de six mois. *Il t'accueille avec des larmes de reconnaissance.* Ou bien balade-toi simplement avec une petite échelle sur l'épaule et une blouse tachée de peinture, *ils accourent tout seuls, comme les moineaux sur le crottin...* Tu gribouilles un projet, *et en avant !* »

L'expression du but

Exercice 1 (p. 156)
1. ... que le cadre soit égayé, embelli. — 2. ... qu'ils aient une meilleure production. — 3. ... de la pluie / d'être surprise par la pluie. — 4. ... que tu ne sois pas en retard demain pour prendre le train. — 5. ... que son petit enfant puisse la suivre. — 6. ... de se faire bien comprendre. — 7. ... qu'on puisse respirer à l'aise. — 8. ... que notre bébé ne se réveille. — 9. ... que le texte soit plus facile à comprendre. — 10. ... de me laisser un peu de place pour ma moto. — 11. ... que nous ne manquions pas le premier autobus. — 12. ... qu'elles ne soient pas trop rapidement fanées. — 13. ... que la visite ne leur paraisse pas trop monotone. — 14. ... de ne pas le laisser se déchirer davantage.

Exercice 2 (p. 156)
1. ... mangez un pomme à jeun le matin ! — 2. ... utilisez des produits de rinçage recommandés par les fabricants. — 3. ... jouez au loto. — 4. ... répétez le mot « ouistiti » à plusieurs reprises en faisant des compliments à votre entourage. — 5. ... fertilisez-le avec un bon engrais. — 6. ... portez des bretelles de couleur. — 7. ... faites du camping à la ferme. — 8. ... branchez-vous sur la 36e chaîne.

Exercice 3 (p. 156)
1. Mon *objectif* premier est de gagner la coupe du monde. — 2. Il a eu *des visées* trop ambitieuses. — 3. Une seule chose compte pour moi : atteindre *l'objectif* que je m'étais fixé. — 4. Qui veut *la fin*, veut les moyens. — 5. Il a fini par arriver à *ses fins* : brouiller entre eux tous les membres de sa famille. — 6. Je n'ai pas encore compris *l'objet* de sa lettre. — 7. En guettant sa victime, l'assassin méditait de noirs *desseins*. — 8. Mon *but* est avant tout de vous faire connaître la vie et l'œuvre de cet écrivain mal connu. — 9. Il est nécessaire que vous fixiez *un terme* à vos travaux sans quoi vous ne les finirez jamais. — 10. J'ai utilisé de l'encre rouge *à dessein* : afin de mieux attirer l'attention sur mon adresse.

Exercice 4 (pp. 156-157)
1. subj. : but. — 2. ind. : conséquence. — 3. subj. : but. — 4. inf. : but. — 5. ind. : conséquence. — 6. subj. : but. — 7. inf. : but. — 8. subj. : but. — 9. inf. : but. — 10. ind. : conséquence. — 11. ind. : conséquence. — 12. subj. : but.

Exercice 5 (p. 157)
1. ... si bien qu'il n'avait plus mal au bout de 10 minutes. — 2. J'ai pris une aspirine de façon à / en

sorte de ne plus souffrir. — 3. Une guêpe l'a piqué de sorte que sa main s'est mise à gonfler. — 4. Il a expliqué la difficulté de manière à être compris. — 5. Il a expliqué encore une fois la difficulté de façon que les élèves comprennent. — 6. Il a expliqué encore une fois la difficulté de sorte que tout le monde a compris. — 7. Au lieu du train, il a pris l'avion, de sorte qu'il sera de retour plus tôt que prévu. — 8. Il avait souligné en rouge l'heure du rendez-vous de manière à ne pas l'oublier. — 9. Marchez sur la pointe des pieds, de sorte que personne ne vous entende. — 10. Elle s'était maquillée soigneusement de manière qu'on ne la reconnaisse pas.

Exercice 6 (p. 157)

1. ... je voudrais un appartement qui soit plutôt orienté au sud et bien ensoleillé. — 2. ... je désire une robe qui puisse servir en diverses occasions. — 3. ... je souhaite un mari qui ne soit pas dérangé à toute heure du jour et de la nuit. — 4. ... je cherche une édition qui soit dans le texte original. — 5. ... je préférerais des enfants qui soient bien vivants. — 6. ... je préférerais un quartier qui soit plus central. — 7. ... je préférerais une salade qui soit plus exotique. — 8. ... je la donnerais en priorité à une personne que j'aie vue à l'épreuve. — 9. ... j'irai plutôt faire une promenade qui ne soit ni trop longue, ni fatigante. — 10. ... non, une voiture qui soit économique et un moteur de petite cylindrée me conviendrait mieux. — 11. ... oui, je voudrais des tissus qui soient assortis. — 12. ... je préférerais un éclairage indirect qui soit assuré par plusieurs lampes à abat-jour. — 13. ... j'aimerais entreprendre des études qui ne soient pas trop longues. — 14. Je compte choisir un site qui soit proche de la mer et de la montagne, sans être trop populeux.

Exercice 7 (pp. 157-158)

Nous proposons quelques contextes :
— « O.P.A. » (Offre publique d'achat) de la Société « L'Air Liquide » sur « Primagaz » : *Quel est le but de l'opération ?*
— *Vous n'arrêtez pas de m'apporter la contradiction depuis une heure : Où voulez-vous en venir ?*
— On va au cinéma ce soir ? : *Pourquoi pas ?*
— Tu essaies de te libérer ce week-end ? *Après tout, c'est peut-être possible.*
— N'hésite pas avant de plonger : *Allez, vas-y !*
— Va demander une augmentation à ton patron : *Prends ton courage à deux mains !*
— Tu ne dois pas te décourager au premier obstacle : *ne baisse pas les bras !*
— « Les petits ruisseaux font les grandes rivières » et notre travail avance : *On y arrivera.*
— L'accouchement se présente bien : ne t'en fais pas ; *tout ira bien.*
— Écrire une thèse de linguistique de mille pages que personne ne lira : *à quoi bon ?*

— Préparer un tel repas pour vingt personnes : *je ne sais pas comment m'y prendre.*
— Mettre en ordre cette immense maison après les fêtes du Nouvel An : *je ne sais pas par quel bout commencer.*
— C'est un travail colossal : *je n'en vois pas l'issue.*
— Tu dis que « ce n'est pas la mer à boire », mais la tâche à laquelle je me suis attelé est énorme : *je ne suis pas encore sorti de l'auberge.*
— J'ai trop présumé de mes forces, ce travail de Titans : *c'est trop dur.*
— Depuis trois jours j'essaie en vain de rétablir l'électricité dans le garage : *je n'y arriverai pas.*
— Je ne sais comment financer la suite des travaux de construction de ce chalet familial : *j'ai vu trop grand.*
— Je voulais te faire une surprise : *c'est raté.*
— J'ai échoué au concours du CAPES et à l'entrée de l'Ecole Normale : *j'ai voulu courir deux lièvres à la fois.*
— C'est la dernière fois que je travaille « pour des prunes » : *on ne m'y reprendra pas.*
— Enfin mon travail est en ordre : *c'est fait.*
— Je t'ai rapporté du Mexique le poncho que tu m'avais demandé de t'acheter : *Mission accomplie.*
— J'ai enfin trouvé la solution de ce problème difficile de trigonométrie : *Eurêka !*
— Nous n'avons pas fait fortune, mais *l'essentiel c'est d'avoir atteint le but que nous nous étions proposé.*

Texte 8 (p. 158)

Les différentes manières d'exprimer le but sont soulignées en italique.

L'AMBITION FÉMININE AU XVIIIᵉ SIÈCLE

Tenir salon fut l'activité la plus communément recherchée par les femmes. Signe de leur liberté puisqu'elles pouvaient recevoir qui elles voulaient, c'était aussi l'occasion de vérifier leur pouvoir et l'intérêt de leur personne.

La Cour n'étant plus, depuis la fin du règne de Louis XIV, le lieu exclusif de la mondanité, certaines femmes *tentèrent de recréer* autour d'elles des cours minuscules. A la manière du roi Soleil, ces petits astres *cherchaient à attirer dans leur orbite* le maximum de gens en vue. La qualité des invités témoignait de leur pouvoir *d'attraction.*

Des plus glorieux, comme ceux de Mmes du Deffand ou Geoffrin, aux plus modestes salons provinciaux, *les tentatives se multiplièrent* de la part des femmes, *de faire ainsi l'essai de leurs pouvoirs.*

... Quel que fût le talent et l'intérêt de Mmes de Tencin, de Lambert ou Geoffrin, leurs habitués Fontenelle, Marivaux, Montesquieu ou d'Alembert *venaient d'abord y retrouver leurs pairs. Afficher leur soumission à la maîtresse de maison* qui *faisait mine de les régenter* n'était qu'une marque de politesse et un jeu. Les hommes les plus éminents se laissaient volontiers traiter de « bêtes » ou de

« ménagerie » par Mme de Tencin comme les familiers de la jeune Mme d'Epinay se dénommaient « ses ours ».

Mettre en valeur chacun des invités, relancer la conversation, la rendre drôle, piquante et intéressante, donner l'impression aux convives qu'ils participent à quelque chose d'exceptionnel *n'est* après tout *que l'art de* la maîtresse de maison, poussée à sa perfection dans ces salons restés célèbres. Mais tout ceci *pouvait-il suffire à satisfaire* les âmes impérieuses ?

Il faut une certaine modestie *pour se contenter de n'être que le lieu géométrique* des intelligences et des talents. Même si, *pour y parvenir*, une grande connaissance de la chimie humaine est nécessaire...

Nombreuses furent celles qui y *cherchèrent la gloire*. Mais n'ont-elles pas été flouées, ces quelques dizaines de femmes qui ont tenu salon et dont seuls les historiens de la littérature ont retenu le nom ?... Les grandes ambitieuses se contentent mal de n'être que des intermédiaires. Elles veulent jouer leur propre partie.

Elisabeth Badinter
Émilie, Émilie

Texte 9 (pp. 158-159)
Les objectifs sont soulignés en italique.

YVES MONTAND À L'OLYMPIA

... C'est le 21 mars 1981 que la nouvelle est enfin officielle : Yves Montand remontera sur les planches en octobre et pour trois mois ; sur cette même scène à l'Olympia qui, après ceux de Jacques Brel, avait été le théâtre de ses adieux treize ans auparavant. A l'Olympia, c'est aussitôt la panique, un véritable vent de folie se met à souffler sur la vénérable institution. La location est d'abord ouverte pour un mois : en quelques jours il ne reste plus une seule place disponible ! Les candidats spectateurs se bousculent aux guichets, supplient, certains achètent les billets par dizaines. (...) Résultat : avant même peut-être d'avoir achevé la mise au point de son tour de chant, plus de six mois avant la première, Montand est assuré de *se produire, chaque soir, devant une salle comble*. Du jamais vu !

Au programme de ce one-man-show d'une heure trente-cinq sans entracte, quelques chansons nouvelles bien sûr, mais aussi beaucoup d'anciennes : « *Je veux surtout offrir au public une nouvelle présentation*, a souligné Yves Montand en annonçant son retour. » Car il l'a promis : *il ne viendra pas à l'Olympia inaugurer les chrysanthèmes. S'il se veut résolument « antimode », il ne jouera pas pour autant « la carte rétro, la carte de la nostalgie » : il y aura des surprises.* Car Montand mieux que personne, sait qu'*un artiste doit toujours étonner*, même — et surtout — à son niveau. Il n'acceptera donc pas une simple rétrospective, mais *tentera*

au contraire de séduire les jeunes qui n'ont jamais eu l'occasion de le voir sur scène. Montand tient ainsi parole, lui qui avait toujours dit que s'il remontait sur scène un jour, *ce ne serait pas pour cultiver son image du passé* — donc jouer la sécurité — mais *pour bien au contraire « présenter un visage nouveau dans la chanson française »*.

Treize ans déjà qu'il s'était tu. Après sa prodigieuse carrière au cinéma, le voici donc revenu à la case de départ : après être devenu sans doute le plus grand comédien de sa génération, Yves Montand *aspire désormais à redevenir le premier des chanteurs*. Le talent, l'audace et l'énergie de cet homme ont décidément quelque chose de stupéfiant. Beaucoup de ses admirateurs, et pas seulement des nostalgiques, espéraient encore ce grand retour, mais sans oser y croire. C'était mal connaître ce formidable battant, cet homme des perpétuels défis, qui, en ce mois de mars 1981, *joue très gros sur ce nouveau banco : il met en jeu son titre, incontesté, de roi du one-man-show*, un titre que personne au long de ces années n'est arrivé à lui ravir. »

R. Cannavo et H. Quiqueré.
Le Chant d'un homme

L'expression
de la concession

Exercice 1 (p. 161)
1. soit. — 2. fût / soit. — 3. fût / soit. — 4. ... soit... — 5. ... bien qu'il n'en connaisse pas encore... — 6. ... fût /soit... — 7. ... en maugréant contre... — 8. ... quoique le temps ait été... — 9. ... il fût / soit patient... — 10. ... ait... — 11. Bien que l'on fût / soit. — 12. Tout astucieux qu'il est... — 13... le ciel serait dégagé... — 14. ... dormait... — 15. Alors que vous savez... — 16. Si robuste qu'il soit... — 17. Même si vous arrivez... — 18. Quoi que vous fassiez, qui que vous soyez...

Exercice 2 (pp. 161-162)
1. Bien qu'il soit malade... — 2. Même s'il gagne de l'argent, ce n'est pas le Pérou. — 3. Le marchand a beau avoir l'air honnête, ce n'est qu'une apparence. — 4. Alors que cette broderie semble faite à la main, elle est faite à la machine. — 5. Tandis qu'on le croit patient... — 6. Quoique son chien ait l'air doux, il mord... — 7. Il sort avec une canne blanche bien qu'il y voie suffisamment pour se conduire. — 8. Il est aléatoire que tu aies ce poste quand même tu aimerais l'obtenir. — 9. Quand bien même l'antiquaire réparerait les meubles avec une grande habileté, un spécialiste ne s'y tromperait pas. — 10. Cet enfant a beau dépé-

42

rir, sa mère ne le voit pas. — 11. Bien que mes souliers neufs me fassent mal aux pieds, je les mets chaque jour. — 12. Vous avez beau avoir commis des erreurs, vous n'avez pas perdu confiance en vous. — 13. Tandis que le voleur marchait à pas feutrés, il a été entendu. — 14. Si étendue que soit ma ville, je la connais comme le fond de ma poche. — 15. Vous êtes souvent morose et pourtant vous avez tout pour être heureuse. — 16. Même si vous avez l'air d'accepter les critiques, dans votre for intérieur vous êtes susceptible. — 17. Il bannit certaines expressions de son vocabulaire, et pourtant il est quelquefois grossier. — 18. Bien que vif et plein de gaieté autrefois, on le voit maintenant morose. — 19. Tout courageux qu'il était, il ne venait pas à bout de sa tâche. — 20. Bien que Gascon, je ne me vante pas toujours.
N.B. : Ces solutions ne sont que des suggestions. Pour chaque phrase il y a plusieurs possibilités.

Exercice 3 (p. 162)
1. Tu avais beau avoir envie de rire, tu as gardé ton sérieux. — 2. Il a beau y avoir du soleil, il gèle à pierre fendre. — 3. Il a beau être facile de faire un soufflé au fromage, on peut ne pas le réussir. — 4. Ce garçon a beau être jeune, il a de la maturité d'esprit. — 5. Tu as beau être très engagé dans la vie politique, tu t'abstiens de voter. — 6. On a beau avoir l'impression qu'il agit d'une manière inconséquente, il garde son bon sens. — 7. J'ai beau n'avoir que parcouru votre livre, d'ores et déjà je sais qu'il me passionnera. — 8. La vieille dame a beau faire la sourde oreille, elle comprend très bien les insinuations de ses futurs héritiers. — 9. Il avait beau savoir que l'affaire était dans le sac, il se faisait des cheveux blancs. — 10. Il a beau avoir / présenter des dehors sévères, c'est un pince-sans-rire. — 11. Vous avez beau être perspicace, vous ne devinerez jamais le fin mot de l'histoire. — 12. Mes meubles ont beau avoir de la valeur, j'ai dû en mettre certains au rancart. — 13. L'enfant avait beau avoir / marquer en général une certaine déférence envers ses parents, il a haussé les épaules quand sa mère lui a parlé. — 14. Cette escroquerie avait beau être cousue de fil blanc, je m'y suis laissé prendre. — 15. Son frère a beau lui avoir donné du fil à retordre pendant des années, il n'a jamais douté de sa réussite. — 16. Vous avez beau parler à mots couverts, je comprends tout ce que vous insinuez.

Exercice 4 (pp. 162-163)
1. *Bien qu*'elle soit vétuste, cette grande maison a encore belle allure. — 2. La reliure de ce livre me plaît, *même si* elle n'est plus très fraîche. — 3. *Quoique* le chapeau haut-de-forme ne soit plus à la mode, on le porte encore quelquefois pour les cérémonies. — 4. Mes plantes ont gelé cet hiver : *malgré* tous mes soins, elles n'ont plus reverdi. — 5. *Quelle que* soit ma fatigue, j'assisterai à votre mariage. — 6. *Alors que* cette personne

ne partage pas mes opinions, je l'admire parce qu'elle est intelligente et loyale. — 7. *Si* compétent *soit-il*, aucun médecin n'est à l'abri d'une erreur de diagnostic. — 8. Le printemps *a beau* être précoce, les violettes n'ont pas encore fleuri. — 9. Tu redoutes le froid *et pourtant* tu ne prévois pas un chauffage d'appoint. — 10. Un moustique, *même s'*il est très petit, peut vous agacer toute une nuit. — 11. *Malgré* sa timidité, il a pris son courage à deux mains pour faire une visite de condoléances. — 12. *Tandis qu'*il avait un contrat de travail, l'ouvrier a été mis à pied avec un préavis d'un mois. — 13. *Bien que* les endives ne soient pas un légume très nutritif, on en mange fréquemment en France... — 14. *Même si* vous avez dilapidé votre capital, vous n'êtes pas dans le besoin pour le moment. — 15. *Quoiqu'*il ait graissé la patte du concierge, il n'a pu obtenir un appartement. — 16. Le froid, *même s'*il cause du verglas sur les routes, fait la joie des skieurs.

Exercice 5 (p. 163)
1. *Malgré* mille et une péripéties... — 2. *Bien qu'*elle ait eu la vie dure pendant longtemps, elle gardait toujours le sourire. — 3. Il *a beau* être sourd, il entend toujours ce qu'on ne voudrait pas qu'il entende. — 4. ... vous avez des troubles hépatiques et *pourtant* vous ne voulez vous astreindre à aucun régime. — 5. *Quoique* mon ami ait l'air de tout prendre à la légère, il a tenu compte des remarques de son médecin. — 6. Dans la vie, *même s'*il y a des roses, il y a aussi des épines. — 7. ... *si* court *soit-il*, il me fera grand plaisir. — 8. *Malgré* une forte fièvre, il n'a pas voulu renoncer au pique-nique projeté. — 9. *Bien que* le jardinier ait tondu la pelouse depuis très peu de temps, l'herbe est haute à nouveau. — 10. *Quelque* embarrassé *que* vous soyez, n'ayez pas peur de demander de l'aide. — 11. *Même s'*il est bon orateur, je n'aime pas l'entendre, car sa pensée est souvent difficile à cerner. — 12. *Quand même* tu ferais acte de présence, je saurais bien qu'en réalité tu aurais l'esprit ailleurs. — 13. *Si* amoureux de Paris *qu'il soit* / *Pour* amoureux de Paris *qu'il soit*, il habite la province.

Exercice 6 (p. 163)
1. Il travaille toute la journée durement *pendant que* sa femme regarde tranquillement la télévision... — 2. Il sait faire fonctionner un ordinateur *alors qu'*il ne sait même pas faire une addition correctement... — 3. ... l'une est expansive, *tandis que* l'autre est repliée sur elle-même. — 4. Il est resté étendu sur une chaise-longue en fumant une cigarette *alors que* tout le monde s'affairait pour préparer le dîner. — 5. France-Inter diffuse des informations pour grand public *tandis que* France-Culture s'adresse à des auditeurs cultivés. — 6. Il est ravi par la peinture impressionniste *alors qu'*il ne comprend rien à la peinture abstraite. — 7. Nous vivons dans le luxe d'une société de consommation *pendant que* des millions de gens meurent de faim.

— 8. Il circule en vélo *alors qu'*il aurait dix fois les moyens de s'offrir une voiture. — 9. Jacques bêchait le jardin *pendant que* ses enfants se prélassaient au soleil. — 10. Il a engagé des frais énormes *alors qu'*il n'a même pas de quoi payer la première traite.

Exercice 7 (pp. 163-164)

1. ... il s'intéresse *en revanche* à tout ce qui est artistique. — 2. ... En Normandie *au contraire* il n'a fait que pleuvoir. — 3. ... Jean *au contraire* est le désordre incarné. — 4. ... *en revanche / par contre* elle a su répéter tout ce que son petit camarade lui avait raconté pendant la classe. — 5. ... le prix des péages *au contraire* a augmenté. — 6. ... *au contraire*, il régresse. — 7. ... *en revanche* elle ne sait absolument pas faire cuire une viande. — 8. ... *au contraire* il a voulu que ce soit son ami qui ait la préséance. — 9. ... *en revanche*, nous sommes ouverts à toute autre proposition. — 10. ... *en revanche* il veut de la verdure et de la clarté.

Exercice 8 (p. 164)

1. Gardons confiance *quoi qu'*il advienne. — 2. Je suis toujours critiqué *quoi que* je fasse. — 3. *Quoiqu'*il soit encore jeune, il est acariâtre. — 4. Il faudra le comprendre *quelle que soit* sa réaction. — 5. Il a mis à jour tout son courrier *quoiqu'*il soit en général très négligent. — 6. Elle fait toujours son lit avant de partir *quelle que soit* l'heure. — 7. Il ne te prendra jamais au sérieux *quoi que* tu dises. — 8. Il faudra tout de même qu'il limite ses ambitions *quelles que soient* ses prétentions. — 9. Il a souvent eu l'occasion de lui pardonner, *quelque* rancunier *qu'*il soit. — 10. Il est tellement susceptible qu'il se fâche *quoi qu'*on lui dise. — 11. Il sera à même de me comprendre, *quels que soient* ses préjugés et ses idées préconçues. — 12. Il ne remercie jamais *quel que* soit le cadeau qu'on lui apporte. — 13. Il a bon fond *quelque* cynique qu'il soit dans ses propos.

Exercice 9 (p. 164)

1. opposition (ironie). — 2. conséquence. — 3. opposition (ironie). — 4. conséquence. — 5. addition (ou conséquence). — 6. opposition (ironie). — 7. opposition. — 8. addition. — 9. opposition. — 10. opposition (ironie).

Exercice 10 (p. 164)

1. Bien que Jacques ait réussi à son examen, il n'est pas content du fait qu'il n'a pas eu la note qu'il voulait. — 2. Bien que mon frère ait l'air guéri, il prend encore des antibiotiques, de crainte d'une rechute. — 3. Malgré son tempérament fragile, il peut faire pas mal de sport, ayant un bon entraînement. — 4. Quoiqu'elle ne veuille pas apprendre l'anglais, elle est partie pour Londres par suite de la pression insistante d'une de ses amies. — 5. Il a beau bien connaître Paris, il se perd dans certains quartiers, faute de plan. — 6. Bien qu'elle n'ait jamais rien tricoté, elle a fait un chandail à son fils à force de patience et de bonne volonté. — 7. Bien qu'il ait posé sa candidature, son dossier n'a pas été accepté du fait de sa trop mauvaise vue. — 8. Malgré sa bonne entente avec son frère, il s'est disputé avec lui à la suite de malentendus regrettables. — 9. Bien que la barque fût amarrée, la tempête l'a emmenée au loin malgré les solides cordages qui la tenaient attachée. — 10. Bien qu'il n'aime pas les gâteaux, il a apporté pour le dessert des tartes qui ont provoqué nos protestations.

Exercice 11 (pp. 164-165)

Exercice de créativité à faire faire en petits groupes dans la classe.

Exercice 12 (p. 165)

Les expressions qui marquent la concession, la restriction ou l'opposition sont soulignées en italique.

Robert,
*Bien qu'*il m'en coûte, j'ai décidé de te quitter *malgré* la peine que je risque de te faire.

Ma décision est irréversible. *Tu auras beau dire, tu auras beau faire,* je ne changerai en rien ma détermination.

Peut-être plus tard, pourrons-nous repenser à cela. Mais pour l'instant je n'en peux plus et je pense que, *quoi qu'*il en soit, il n'est pas possible d'envisager en ce moment, de vivre en commun ou tout simplement de nous rencontrer à nouveau.

Je tiens *pourtant* à te dire que je n'oublierai pas certains bons moments que nous avons passés ensemble *même si*, plus tard ils ont été ternis par trop de mésentente ou de malentendus.

Si douloureux que cela puisse être pour l'un et pour l'autre, il faut maintenant nous en tenir là.

Je te demande de ne rien faire pour le moment, *quelle que soit ton envie* de réagir en recevant cette lettre. J'ai besoin de prendre du recul pour mûrir tout cela *malgré l'apparente indifférence* dont tu m'accuseras.

Tâche de m'oublier.

Juliette

L'expression de l'hypothèse, de la condition

Exercice 1 (pp. 169-170)

1. arrive / arrivera. — 2. amènerai, ferais. — 3. reconnaîtrais. — 4. voyagerais.

— 5. j'aurais fait. — 6. n'auriez pas eu. — 7. venaient. — 8. viennent. — 9. étaient déjà arrivés. — 10. est arrivé. — 11. n'en seraient pas là. — 12. je n'ai pas terminé. — 13. n'aurait jamais obtenu. — 14. est branchée, soient posées.

Exercice 2 (p. 170)
1. arrive. — 2. ne me trouvait pas. — 3. trouve. — 4. trouve. — 5. trouve. — 6. trouvais. — 7. l'aurais trouvée. — 8. était arrivé. — 9. était arrivée. — 10. ne partons pas. — 11. aurait. — 12. il aurait réussi. — 13. n'as pas compris / ne comprends pas. — 14. l'avait avertie et qu'elle se fût / se soit rendu compte de.
Remarque : pour la phrase 12, « il réussissait » est également possible.

Exercice 3 (p. 170)
1. voulez. — 2. ferais. — 3. receviez. — 4. ait eu... il serait devenu. — 5. soit effrayée. — 6. tu en serais de ta poche. — 7. connaîtrait, n'aurait. — 8. se démocratise. — 9. n'ayez. — 10. auriez eu vent de. — 11. soit. — 12. contesterait. — 13. Seriez-vous le seul (il s'agit plutôt d'une concession). — 14. puisse. — 15. serait bondé. — 16. était augmenté... ait droit à. — 17. soient. — 18. aurait pu.

Exercice 4 (p. 170)
1. ... elle s'enrhume pour peu qu'il fasse froid. — 2. ... pour peu qu'on soit en retard, on n'a plus de place. — 3. ... pour peu que l'enfant veuille jouer avec, ce serait une catastrophe. — 4. ... pour peu qu'il y ait un imprévu, cela le met de mauvaise humeur. — 5. ... pour peu qu'il y ait un rayon de soleil, elle prend... — 6. ... pour peu qu'en été les fenêtres soient ouvertes, l'odeur des frites arrive jusqu'au salon. — 7. ... pour peu qu'on lui dise quelque chose qui ne lui plaît pas... — 8. ... pour peu qu'il ne comprenne pas les explications... — 9. ... à s'entendre pour peu qu'il veuillent accepter... — 10. pour peu que le conducteur s'assoupisse...

Exercice 5 (pp. 170-171)
1. condition simple. — 2. condition. — 3. souhait. — 4. souhait. — 5. condition. — 6. condition. — 7. souhait. — 8. condition. — 9. condition. — 10. condition.

Exercice 6 (p. 171)
1. En cas de maladie... — 2. En cas de non-paiement, votre facture serait majorée... — 3. En cas de vol... — 4. En cas de désistement... — 5. En cas de non-asssistance à personne en danger... — 6. En cas de non-intervention d'un pays tiers... — 7. En cas de promulgation de la loi... — 8. En cas de non-réponse de votre part...

— 9. En cas de non-recouvrement des sommes avancées... — 10. En cas d'erreur de diagnostic...

Exercice 7 (p. 171)
1. hypothèse. — 2. interrogation indirecte. — 3. cause. — 4. conséquence. — 5. concession. — 6. hypothèse. — 7. affirmation. — 8. interrogation. — 9. concession. — 10. affirmation. — 11. opposition.

Exercice 8 (p. 171)
1. ... à condition que tu en prennes bien soin. — 2. Au cas où tu le verrais... — 3. « Est-ce que cette carte est encore valable ? » — 4. Alors qu'Annette est espiègle... — 5. Mais bien sûr ! — 6. Bien qu'il ait de bons résultats / alors qu'il a... — 7. ... ce n'est pas tellement difficile que ça... — 8. Elle était transie de froid au point de trembler / elle était tellement transie de froid qu'elle... — 9. Quand ils étaient seuls... quand les enfants étaient là... — 10. Je te fais cette remarque parce que je la crois justifiée. — 11. Puisque tu n'avais pas compris, il fallait me le dire.

Exercice 9 (p. 172)
1. J'aurais pris un apéritif même si je n'avais pas eu soif. — 2. J'aurais acheté des souliers neufs même si je n'avais pas dû aller à un mariage. — 3. J'aurais lu cet article même si personne ne m'en avait parlé. — 4. Je me serais mis au bridge même si mes amis n'y avaient pas joué. — 5. Je serais allé en Italie même si je n'avais pas aimé la peinture. — 6. J'aurais fait du sport même si je n'avais pas eu d'épreuve d'athlétisme à passer. — 7. J'aurais utilisé la carte bleue même si je n'avais pas eu une billeterie à côté de chez moi. — 8. Je l'aurais révisée même si mon professeur ne me l'avait pas demandé. — 9. J'aurais voulu le voir même si je n'avais rien eu à acheter. — 10. J'aurais mis ce chapeau même si je n'avais pas craint que le soleil fût (soit) trop chaud.

Exercice 10 (p. 172)
1. ... les compagnies d'assurance feraient faillite. — 2. je ferais le tour du monde. — 3. ... il sortirait beaucoup plus volontiers. — 4. ... il prétendrait être dans un taudis. — 5. ... elle aurait pu devenir une virtuose du clavier. — 6. ... je serais un adepte du petit écran. — 7. il aurait visité Carthage avec eux. — 8. ... elle lui aurait aménagé une niche dans le jardin. — 9. ... j'y serais allé tout de suite. — 10. ... je dévorerais des tas de livres.

Exercice 11 (p. 172)
1. Si on m'accusait injustement, je ferais un procès en diffamation. — 2. Si je n'avais rien à manger, j'irais à la « soupe populaire ». — 3. S'il manquait 100 F dans la monnaie qu'on me rend, je le ferais

remarquer poliment. — 4. En cas d'incendie, je suivrais à la lettre les consignes de sécurité, sans m'affoler. — 5. Si je n'avais pas trouvé de logement en arrivant, je serais descendu provisoirement à l'hôtel. — 6. Si je devais recevoir un ami de mon pays et que je dusse / et si je devais lui faire visiter une région de France, je le conduirais en Bretagne. — 7. Si je devais rapporter à ma mère un cadeau typiquement français, je choisirais un parfum de Chanel. — 8. Si je devais parler d'un écrivain français, je parlerais sans doute de Molière, Racine ou Victor Hugo. — 9. Si je devais parler d'une habitude française qui m'a amusé ou surpris, je parlerais de la manière de se tenir à table, en particulier de l'obligation de ne pas couper une feuille de salade dans son assiette avec un couteau, mais de la plier. — 10. Si je devais préparer un plat typiquement français, je ferais un gratin dauphinois ou une poule au pot.

Exercice 12 (p. 172)

Exercice de créativité à faire en classe par petits groupes.

Voici quelques suggestions :

1. Et si c'était toi qui t'étais trompé ?...
   — Admettons !
2. Si je la rencontrais dans le métro, si elle me reconnaissait, si elle me parlait...
   — Arrête, avec des si...
3. J'espère que tu vas me faire un gros cadeau pour mon anniversaire !
   — Et puis quoi encore ?
4. Si on leur téléphonait ?
   — Ce n'est pas le moment.
5. Si je vous proposais une réduction de 1 000 F sur le prix dont nous avons parlé, est-ce que vous accepteriez ?
   — A la rigueur.
6. Si demain il y avait encore plus de neige qu'est-ce que je ferais ?
   — N'y pense pas, un jour à la fois.
7. Si j'oubliais mes clés à l'intérieur de mon appartement...
   — Ce serait la catastrophe.
8. Si la France entière était privée de courant...
   — Ce serait paniquant.
9. Si j'étais reçu premier à mon concours...
   — Avec un peu de chance...
10. Si vous veniez me rejoindre en avion à Madrid...
    — Ce serait vraiment magnifique.

Texte 13 (pp. 172-174)

Utilisation classique du conditionnel.

Texte 14 (p. 174)

1. *Les procédés grammaticaux :* emploi fréquent du conditionnel.
2. *Les procédés lexicaux :* sont en italique dans le texte.

3. Les rêves se concrétisent dans le dernier paragraphe. C'est l'utilisation du passé-simple qui montre le passage du rêve à la réalité.
4. La progression dans la pensée puis dans la réalité se traduit par la succession des différents verbes : conditionnel, imparfait, plus-que-parfait, passé-simple.

RÊVES D'ÉTUDIANTS

... *Ils rêvaient* de vivre à la campagne, à l'abri de toute tentation. Leur vie serait *frugale* et *limpide*. Ils auraient *une maison de pierres blanches*, à l'entrée du village, de *chauds pantalons de velours côtelé*, de gros souliers, un anorak, une canne à bout ferré, un chapeau, et ils feraient chaque jour de longues promenades dans les forêts. Puis, ils rentreraient, ils se prépareraient *du thé et des toasts*, comme les Anglais, ils mettraient *de grosses bûches* dans la cheminée ; ils poseraient sur le plateau de l'électrophone un quatuor *qu'ils ne se lasseraient jamais d'entendre*, ils liraient *les grands romans qu'ils n'avaient jamais eu le temps de lire, ils recevraient leurs amis*.

Ces échappées champêtres étaient fréquentes, mais elles atteignaient rarement le stade de vrais projets. Deux ou trois fois, il est vrai, ils s'interrogèrent sur les métiers que la campagne pouvait leur offrir : il n'y en avait pas. *L'idée de devenir instituteurs les effleura* un jour, mais ils s'en dégoûtèrent aussitôt, pensant aux classes surchargées, aux journées harassantes. *Ils parlèrent vaguement* de se faire libraires-ambulants, ou d'aller fabriquer des poteries rustiques dans un mas abandonné de Provence. Puis *il leur plut d'imaginer* qu'ils ne vivraient à Paris que trois jours par semaine, y gagnant *de quoi vivre à l'aise le reste du temps*, dans l'Yonne ou dans le Loiret. Mais *ces embryons de départ n'allaient jamais bien loin*. Ils *n'en envisageaient* jamais les possibilités ou, plutôt les impossibilités, réelles.

Ils rêvaient d'abandonner leur travail, de tout lâcher, de partir à l'aventure. Ils rêvaient *de repartir à zéro*, de tout recommencer sur de nouvelles bases...

L'idée, pourtant, faisait son chemin, s'ancrait lentement en eux. A la mi-septembre, au retour de vacances médiocres gâchées par la pluie et le manque d'argent, leur décision semblait prise. Une annonce parue dans *Le Monde*, aux premiers jours d'octobre, offrait des postes de professeurs en Tunisie. Ils hésitèrent. Ce n'était pas l'occasion idéale — ils avaient rêvé *des Indes, des États-Unis, du Mexique*. Ce n'était qu'une offre médiocre, terre-à-terre, qui ne promettait ni la fortune ni l'aventure. Ils ne se sentaient pas tentés. Mais ils avaient quelques amis à Tunis, d'anciens camarades de classe, de faculté, et puis la chaleur, la Méditerranée toute bleue, la promesse d'une autre vie, d'un vrai départ, d'un autre travail : ils convinrent de s'inscrire. On les accepta.

Georges Perec
Les Choses

Texte 15 (pp. 175)

1) Il permet toutes les possibilités : « C'est formidable le conditionnel présent. T'as ce que tu veux, t'es le maître du monde, t'es le Bon Dieu ».
2) Les constructions grammaticales défectueuses sont en italique.
3) Les mots du langage familier sont encadrés par des astérisques, exemple : *truc*.
4) Les nombreux signes de ponctuation donnent aux phrases un rythme rapide, quelquefois même haletant et traduisent l'abondance des images qui traversent l'esprit de l'enfant.

LE CONDITIONNEL PRÉSENT

... Je ne suis pas humilié qu'on soit pauvres, puisque j'y pense pas. Simplement, ça me gêne, *des fois*, quand il y a des *trucs* que j'aurais envie d'avoir et que *je peux pas* parce que c'est des choses qui s'achètent et que *c'est* même pas la peine d'en parler à la maison, impensable, chez nous, on n'achète pas, et ça ne me choque pas, ça me paraît normal, ces choses qui me font envie sont des choses pour les gens des affiches et du déshabillé à plumes de cygne, comme eux elles sont de l'autre côté, dans ce monde de littérature, de l'autre côté de cette espèce de vitre.

Alors, bon quand j'ai trop envie des choses, je fais comme si je les avais. Je les ai au conditionnel présent. C'est formidable, le conditionnel présent. *T'as* ce que tu veux, *t'es* le maître du monde, *t'es* le Bon Dieu.

Par exemple, je me *plante* devant la vitrine à Ohresser, le marchand de vélos et de jouets superchics de la Grande-Rue. Les semaines *d'avant Noël*, il installe une vitrine fantastique, Ohresser. Des circuits de trains électriques très compliqués, cinq ou six trains qui se croisent, se doublent, se courent après, s'arrêtent tout seuls juste avant de se tamponner, font marche arrière, repartent, sifflent, avec des aiguillages automatiques, des sémaphores qui claquent, des signaux qui s'allument de toutes les couleurs, des tunnels, des petites maisons, des montagnes, des vaches sur la montagne... Je *m'écrase le nez* à la vitre, des heures je reste, les pieds gelés, je me dis intensément j'aurais (conditionnel présent) ce wagon-là, et celui-là, et le wagon-citerne, avec sa petite échelle sur le côté, et le wagon à bestiaux *que* les portes s'ouvrent pour de vrai, et j'aurais ce signal, là, il est joli, et celui-là, il fait sérieux, et cette passerelle et, etc. C'est terriblement exaltant, le conditionnel présent. J'en arrive à un état d'excitation mentale très intense, je possède vraiment tout ce que je désigne, *suffit* de dire dans ma tête « j'aurais », c'est fait. Mais avant de le dire, j'hésite, longuement, douloureusement, entre deux wagons qui me plaisent autant, c'est l'un ou l'autre, pas les deux, décide-toi, me demandez pas pourquoi, c'est comme ça, *faut* que ce soit comme ça, si c'est trop facile *y a* pas de plaisir.

Cavanna
Les Ritals

Révision générale des emplois du conditionnel

Exercice 1 (p. 177)

1. ... nous nous marierons... — 2. ... aurait donné... — 3. ... se serait suicidé... — 4. ... m'auriez caché... — 5. ... auriez été battu... l'aurait cru ? — 6. Tu serais... je serais... nous enterrerions... On fumerait... — 7. vous ne sauriez... — 8. ... ne serait-ce... — 9. ... on ne saurait... — 10. ... conviendrait... devrait... — 11. ... tu ferais... je ne t'aurais pas cru. — 12. Il y aurait eu... Ce serait... — 13. ... serait-il... — 14. ... Serait-ce... je lui dirais... — 15. ... il mentirait...

Exercice 2 (p. 177)

1. ... ne le sauriez pas... — 2. serait temps... — 3. On dirait... — 4. ... se serait renversé... serait coupée... serait prévue... — 5. ... passerais... — 6. ferais l'impossible... — 7. ... je voudrais... — 8. j'irais perdre... — 9. ... serait... ferait... — 10. ... viendrait... — 11. Je boirais... Vous n'auriez pas... — 12. Serait-il...

Exercice 3 (pp. 177-178)

1. Pourriez-vous me mettre ces articles de côté. Je n'ai pas assez d'argent. Je voudrais aller en chercher dans un distributeur. — 2. J'aurais dû me renseigner. Je ne savais pas que je devais composter. Pour une fois, pourriez-vous ne pas me donner d'amende ? — 3. Tu aurais dû me le dire ! Tu aurais dû faire appel à moi plus tôt et nous aurions ensemble résolu le problème. — 4. Tu aurais pu faire attention, ou au moins tu aurais dû donner à réparer mon matériel, avant de me le rendre. — 5. Vous auriez dû faire très attention, car je vous avais prévenu que ces négatifs constituaient des documents authentiques très rares et d'une valeur scientifique inestimable. Je ne saurais me satisfaire d'un simple remboursement de la valeur de la pellicule !

Révision générale des emplois du subjonctif

Exercice 1 (p. 180)

1. ... tu m'écriras. — 2. ... que tu viennes... — 3. qu'il ne pleuve plus... — 4. vous êtes content... — 5. ... que j'y aille. — 6. C'est le dernier journal qui paraît / paraisse... — 7. J'ignorais que vous puissiez... — 8. ... qui lui permette...

— 9. ... que vous ayez raison. — 10. ... que vous passiez... — 11. le temps soit... — 12. Que vous partiez ou que vous restiez... — 13. A supposer qu'il soit... — 14. Je doute qu'il vienne... — 15. ... ne sera pas...

Exercice 2 (p. 180)

1. ... qu'il soit de taille... — 2. Je nie qu'il soit... je ne nie pas qu'il ait fait... — 3. vous obéissiez... — 4. ... a / ait connu... — 5. ... ayez-lu ? — 6. ... ayons jamais rencontré... — 7. ... il a été maladroit... il a mis... — 8. ... vous avez fait... — 9. ... est / serait... — 10. ... que ce soit... — 11. ... n'ayez pas fait... vous connaissiez... — 12. ... nous rentrions...

Exercice 3 (p. 180)

1. ... ont / auront... — 2. ... que tu ailles... — 3. ... va changer. — 4. qu'il est / qu'il serait... — 5. ... qu'il aura... — 6. ... est venu... — 7. ... a / ait une maladie... — 8. ... il aura terminé... — 9. ... on lui fasse... — 10. ... soit la meilleure. — 11. ... vous allez... — 12. ... vous changez / vous changeriez...

Exercice 4 (pp. 180-181)

1. ... vous fassiez... — 2. S'il pleuvait, qu'il fasse froid... — 3. ... qu'on l'ait puni... chahute... — 4. Tout... qu'il est et si... qu'il paraisse... — 5. ... vous m'obéissiez... — 6. ... que l'horloge sonne (ind.). — 7. ... que vous ayez... — 8. ... que tu es... — 9. ... vous suiviez... — 10. ... vous ayez... vous dépassiez... — 11. ... qu'on fasse... qu'il fallait... — 12. ... ayez fini... apprendrez-vous... — 13. ... qu'elle soit... — 14. ... vous étiez venu...

Exercice 5 (p. 181)

1. ... n'était... — 2. ... s'améliore... ne traîne pas... — 3. ... soit... a... — 4. ... vous filez... vous devriez... — 5. ... m'a coûté... — 6. ... qu'il est... — 7. ... soit rédigée... — 8. ... qu'il vivait... — 9. gagnez... tirez... / ...gagniez ...tireriez... — 10. ... lui mettes... — 11. ... qu'il boive... — 12. ... je vais... — 13. ... que soient... — 14. que vous ne soyez... — 15. ... qui ne soit...

Exercice 6 (p. 181)

1. ... qu'on le contredise... — 2. ... a été rompue... — 3. vous aurez... — 4. ... se termine (subj.) / ... mette... — 5. ... règne (subj.). — 6. ... elle a pris froid. — 7. ... vous soyez... — 8. ... il a... — 9. ... ait fait... et qu'il ait... — 10. ... il prétend... soit... — 11. ... tu sèmes... et que tu fasses... — 12. ... a ...a... — 13. ... fais... perde... — 14. ... je ne me mette... vous voyiez... — 15. ... il en avait assez... vous lui mettiez..., vous lui laissiez... — 16. ... pour qu'il puisse...

Exercice 7 (pp. 181-182)

1. ... ne s'étiolât... — 2. ... je pusse... — 3. ... attachât... — 4. qu'ils eussent franchi... — 5. ... qu'il vînt... — 6. ... eût... — 7. ... ne disparût... — 8. ... qu'on l'entourât... — 9. ... fût faite... — 10. ... qu'on ne m'entendît pas. — 11. qu'il y eût... qui l'étourdît... et l'isolât. — 12. ... fût, qu'elle ne pût... — 13. ... fût bien élevée... qu'elle eût... qu'elle apprît... — 14. ... qu'ils n'aient... — 15. ... je m'en aperçoive. — 16. qu'elle paraisse. — 17. ... que cela fût. — 18. ... qu'on l'écoute... qu'on le comprenne. — 19. ... que tu y sois... — 20. ... vont... nous puissions...

Texte 8 (p. 182)

Expression de la cause : Ce n'est pas que je veuille...

Expression de la conséquence : si calme... que les étoiles... si bleue, si unie que l'œil... ; si transparent et si pur que l'on découvre..., nuits étoilées au point que...

Expression du temps : ... quand on est ; quand la grille... quand le vent de minuit... quand les parfums des géraniums... quand les coupoles... quand tout est blanc... et que...

Expression du but : ... pour dormir...

Expression de la comparaison : ... une voile d'azur (image) ...cinq cent mille fois plus d'étoiles qu'on n'en peut apercevoir... plus de place que le bleu de l'éther... un semis de diamants (image) ...la voûte du firmament (image)... qui éclairait presque aussi bien que la lune... parle plus à l'intelligence que celle-ci... personne n'a goûté mieux que moi... personne n'a moins envie de renier... la nature, plus vigoureuse... une vaste voix d'airain plane sur ma tête (métaphore) ...comme si la terre exhalait...

N.B. : Remarquer les « périodes » créées par la reprise des propositions circonstancielles de temps introduites par « quand ». Noter la chute brève sur un rythme ternaire : « je végète, je me repose, j'oublie ».

5

Les niveaux de langage

Exercice 1 (p. 186)

1. Eh bien ! j'en suis stupéfait ! — 2. Tu t'inquiètes toujours excessivement. — 3. J'en ai assez. — 4. C'est amusant. — 5. Cela suffit. — 6. Dépêche-toi. — 7. Tu exagères ! — 8. Il est complètement fou. — 9. Trouve une solution tout seul. — 10. Comme il est ennuyeux ! — 11. Je n'ai plus d'argent. — 12. Il gagne beaucoup d'argent. — 13. Il a de la fortune. — 14. On s'en va ? — 15. Qu'est-ce que tu regardes ? — 16. Je vais descendre pour me dégourdir les jambes. — 17. Il est extrêmement paresseux. — 18. C'est très bien. C'est original. — 19. C'est un comble ! — 20. Je lui fais mes compliments (je le félicite). — 21. Tu n'as guère amélioré ta situation. — 22. Il m'a fait parler malgré moi. — 23. Tu deviens trop susceptible. — 24. Fais attention. — 25. Es-tu content de ton travail ? — 26. Il a une bonne figure. — 27. Il a une tête bizarre. — 28. Tu as beaucoup trop d'audace. — 29. Comme elle est mal habillée ! — 30. Qu'il est élégant ! — 31. Elle est très désappointée. — 32. Tu es tombé par terre. — 33. Il m'a écrit de longues pages. — 34. J'hésite. — 35. Quel bruit ! — 36. Ce film ne vaut rien. — 37. C'est la même chose. — 38. Le voilà qui arrive. — 39. Il est de mauvaise humeur. — 40. Elle a un grand nombre d'enfants. — 41. Tu arrives fort à propos. — 42. Tu m'embrasses ? — 43. Qu'est-ce qui t'arrive ? — 44. J'ai fourni un gros effort. — 45. Elle reste prudemment sur ses gardes. Elle fait attention. — 46. Quelle catastrophe ! — 47. Je vais la réprimander ; la gronder. — 48. N'y pense plus. N'y attache pas d'importance. — 49. C'est bizarre. — 50. Je vis sur les nerfs. Je suis très nerveux.

Exercice 2 (p. 187)

1. En se promenant, il lui tenait un beau discours. Mais elle l'a trouvé ennuyeux. C'est pourtant un homme de bonne moralité, de forte stature. De son côté, elle a un beau physique et elle est très sympathique. — 2. Au café on entendait beaucoup de bruit. Ils sont allés manger dans un petit restaurant très mauvais, mais ils n'avaient pas beaucoup d'argent ; ils étaient sans le sou ; la nourriture était exécrable. Encore heureux que le propriétaire (le restaurateur) ait eu une bonne tête, mais il travaillait sans se presser. — 3. Je ne puis plus supporter ce misérable petit restaurant. On ne nous y sert que des pommes de terre. On y boit un vin rouge ordi-naire qui est de très mauvaise qualité ; la nourriture est détestable. L'eau même sent le désinfectant. — 4. « Tu m'ennuies », lui disait son frère, « je suis excédé ». — 5. On l'a maltraité (battu) pour savoir où il avait caché son argent. — 6. Il s'était fait voler un livre très ennuyeux. Pourtant elle avait beaucoup ri parce qu'elle l'avait trouvé amusant, mais il devait être de mauvaise humeur et il n'avait rien compris. — 7. C'est un travail de tout repos. — 8. C'est un homme sympathique qui lui avait donné un conseil. — 9. Quelle malchance ! — 10. Quelle déveine ! — 11. Il était furieux d'avoir mal réussi son examen. On ne peut pas avoir toujours de la chance, surtout quand on est paresseux. — 12. Son affaire a échoué. Il n'avait pas été assez prudent et il faisait trop la fête. — 13. Il a eu un accident et il a démoli sa voiture. — 14. Attention ! Méfie-toi du policier : c'est un fou et il te roue de coups si tu sembles rire. — 15. C'est un excellent médecin. Il ne te fait rien payer. Il est tout à fait au courant. — 16. As-tu lu la nouvelle dans le journal ? Ils font un long article pour un chien écrasé. Quelle histoire pour un chien ! — 17. Quelle malchance ! J'ai oublié le nom de cet objet. — 18. Il est arrivé pour boire un verre de vin au bar. On lui a servi une bière-pression mélangée de limonade.

Exercice 3 (p. 187)

1. Depuis qu'il est incarcéré, il mène une existence paisible. Plus besoin de se faire du souci, ni d'arriver à huit heures précises au travail. C'est un paresseux, un fainéant. Il a déniché la situation bien cachée et tranquille. — 2. Son amie est vraiment très bien. De son côté, c'est un être généreux mais aimant un peu trop les aventures périlleuses. — 3. Son père est décédé. Tout l'argent lui appartient, au moins trois millions de francs. — 4. Elle n'est pas venue au rendez-vous qu'elle m'avait fixé et j'ai attendu en vain pendant une heure. — 5. Prête-moi cent francs ou 10 000 centimes. — 6. Eh, petit, va-t-en ou tu vas recevoir une gifle. — 7. Tu vas te taire ? — 8. Tu l'as grondé parce que ses cheveux et ses souliers étaient très sales. Et depuis lors, il s'est habillé avec recherche. — 9. A la télévision est programmé un film qui n'est pas extraordinaire. C'est une œuvre absolument nulle. Je préfère encore lire ou même faire un somme (dormir un moment). — 10. Que fais-tu dans ta chambre ? — 11. Bravo pour ton discours ! — 12. Tu n'as pas commis d'impairs (de maladresses). (« faire gaffe » signifie plutôt « faire attention »). — 13. Quel ennui : il pleut ! — 14. Madame Unetelle m'a prêté son parapluie.

— 15. Il est dangereux de monter à cheval. — 16. Tu vas te faire tuer par tous ces voyous. Je t'ai averti qu'ils étaient sans scrupules. — 17. Ça va bien ? — 18. J'ai volé des cigarettes à mon père. — 19. Tu as fini de te battre avec ton meilleur ami ? — 20. Tu fais une tête bizarre. Tu ne vas pas bien ?

Exercice 4 (p. 188)

Godasses = chaussures. — rigolote = amusante. — cablée = bien informée — branchée. = *idem*. — coller une étiquette sur qqn = le classer dans une catégorie. — à vue de nez = à première vue. — sapé = bien habillé. — tu te plantes = tu te trompes. — à tous les coups = à chaque fois. — a changé de look = a changé d'aspect, d'apparence. — c'est quoi, ton truc ? = quel est ton procédé ? — ils étaient sciés = ils étaient stupéfaits.

Vocabulaire
Quelques difficultés lexicales

Exercices (pp. 194-195)

1. *Du moment que / au moment où :* Du moment qu'il m'a fixé un rendez-vous. — Au moment où tu m'as téléphoné. — Du moment que je t'ai promis. — Au moment où l'horloge a sonné. □ *A ce moment / en ce moment :* A ce moment (là), le Centre Pompidou n'avait pas encore été... — En ce moment, il a un travail énorme... — ... ce que cet enfant a en ce moment... — ... à ce moment là, je ne savais pas que ma mère était... □ *Par moments / pour le moment / dans un moment / un moment :* pour le moment il ne sait pas encore... — Par moments, il envisage... — ... dans un moment, j'aurai l'esprit plus libre... — Par moments, on voit passer sur son visage... — Pour le moment, laissez-moi tranquille... — Pierre doit arriver dans un moment... — Un moment ! Excusez-moi... — Un moment : répétez... — ... le docteur va vous recevoir dans un moment.

2. *Dès / Dès que / Dès lors :* Dès l'aurore... — Dès lors, il n'accorda plus aucun crédit... — ... dès que tu sera rétabli...

3. *Tant / Si tant est / Tant et si bien :* Il a tant travaillé... — Elle a tant de soucis... — ... si tant est qu'il veuille bien. — ... tant est si bien que son patron lui a donné... — ... si tant est qu'il en ait encore... — ... tant et si bien que lorsque la note est arrivée... □ *Tant de / Tant que :* ... tant de jours... — ... tant que tu voudras... — Tant que tu ne sauras pas si...

4. *Pour peu que / Il s'en faut de peu :* Pour peu que tu sois honnête avec toi-même... — Il s'en faut de peu... — ... pour peu qu'on ait une minute d'inattention... — Il s'en est fallu de peu que nous nous rencontrions...

Exercices (pp. 195-196)

Attention : ne confondez pas
— Son chagrin est tout à fait *compréhensible*. — ... elle était si *compréhensive*. — L'écriture de ce texte me paraît *compréhensible*. — Mes parents sont *compréhensifs*.

— Dans la *conjoncture* actuelle... — Il s'est perdu en *conjectures*... — Ma *conjecture* s'est révélée fondée. — ... au gré de la *conjoncture*.

— ... permet d'*évoquer* des souvenirs. — ... d'*évoquer* le passé. — ... il a *invoqué* des précédents. — Il a *invoqué* ses grands dieux...

— Elle fait souvent preuve de *largeur* d'esprit. — ... est un signe de *largeur* d'idées. — ... avec une *largesse* parfois excessive. — ... avec *largesse*.

— ... tous ceux qui sont *opprimés*. — J'étais *oppressé* par l'angoisse. — ... tout le monde était *oppressé*. — ... un dictateur qui *opprime*...

— J'ai une *suggestion* à te faire... — ... est une véritable *sujétion*. — ... de vos *suggestions*. — ... une totale *sujétion*.

— ... de nombreuses *acceptions*. — L'*acceptation* de sa maladie... — ... dans toutes les *acceptions* du terme. — L'*acceptation* de votre dossier...

— ... *une prolongation* de son congé... — Les travaux de *prolongement*... — J'ignore *les prolongements* de cette affaire. — Il a obtenu une *prolongation*...

— ... par l'*inclinaison* de la rue. — ... une petite *inclinaison* de la tête. — ... une tendre *inclination* pour son cousin. — Ce mur prend une *inclinaison*...

— ... *un accident* de voiture. — ... par *accident*... — ... sans *incident*... — ... un *incident* technique...

— ... obligatoirement *partial*. — ... trop *partial*... — mes connaissances sont trop *partielles*... — ... une éclipse *partielle*...

— ... une robe très *originale*... — ... sur l'édition *originale*... — ... sa couleur *originelle*.

— ... en temps *opportun*... — ... il m'a paru *opportun*... — ... éviter les *importuns*... — ... peur d'être *importun*.

— ... des milliers de *tracts*... — ... paralysée par le *trac* — ... un *tract* du P.C. — ... tant il avait le *trac*...

— Les *éminents* professeurs... — ... l'arrivée *imminente*... — ... d'*éminents* services... — ... une catastrophe *imminente*.

— ... pour *infraction* au code... — ... cambriolage par *effraction*. — ... aucune *infraction*... — ... l'*effraction* des coffres.

— ... une *irruption* de manifestants... — ... *en éruption*. — ... il a fait *irruption*... — ... une *éruption* de boutons. — L'*irruption* des eaux...

— ... comme *immigrants*... — ... d'*immigrés*... — ... l'assimilation des *émigrés*... — ... à un *émigré* ?

— ... une *allocation* de chômage. — ... une *allocution* de bienvenue. — ... des *allocations* familiales... — ... une *allocution* du Premier Ministre.

— ... un *différend* avec... — ... sont totalement *différents*. — ... son *différend*... — ... *différent* chez lui...

— ... non sans *réticence*. — ... une *résistance* hostile. — ... des *réticences*. — ... une bonne *résistance*.

— ... *une hypothèque* sur... — ... c'est une *hypothèque* que je prends... — Dans l'*hypothèse* où... — C'est une *hypothèse* qui n'est pas à écarter...

Achevé d'imprimer par ⌁ Corlet, Imprimeur, S.A.
14110 Condé-sur-Noireau (France)
N° d'Imprimeur : 14790 - Précédent dépôt : août 1988 - Dépôt légal : juillet 1989

Imprimé en C.E.E.